《中国秀·中国传统文化系列读本》

主编　金　萍

编委会　赵　峰　仝十一妹　乔　苏　石　磊
李秀敏　宋启航　付泽新　庞丹丹
刘星辰　李萌怡　刘　超　刘　芳
翟玉成　方文林　屠芫芫　冷　宇
焦晓宇　张　璇　许艳秋　刘晏伶
张小玲　钱　芳　张　茜　项　南
白　璐

塔湖·書
TOWER LAKE BOOK

中国秀 金萍 主编

103

中国传统文化系列读本

成语·典故

宋启航 赵峰 著

山西出版传媒集团 山西教育出版社

目　录

关于成语·典故(代序)

成语是中国特殊的语言文化现象,成语中包含了丰富的神话历史典故。透过成语,我们能感受到中国文化中最为精彩的一面。每个民族的历史都是以神话传说开始的。神话记载了远古先民对于自然生活的想象描述和人类原初历史的奇幻记忆。在文字和语言还没有产生的时代,人类对于过去的历史的记忆是茫然的、不切实的。但是,人类走过的历程却在语言和文字之外以一种感性的认知方式传承在了我们的灵魂深处。因此,仔细品读成语典故,就是在品味中华民族走过的历史。

我国是一个有着悠久历史的国度,漫长的历史催生了众多的成语典故。这些成语典故就是古人对于自然世界、社会人生的理解和概括,既蕴含了古人的观念,又包含了古人的智慧。了解这些成语典故背后的故事，我们就能切近最真实的古人，就能感悟他们所生活的时代和他们的思维，就能对我们文化的起源和传承有准确的把握，就能感知我们中华民族不断探索、追寻和创造的历程。成语典故，是最浓缩的文化精华，是了解中国五千年文化的最佳视点。

但是，进入近代以来，中国传统文化因为不符合现代社会的要求，被国人放在一边。国人努力去学习西方的知识，却把这些传统文化当做“四旧”摒弃。进入全球化的21世纪之后，世界的多元性呈现在我们面前，我们对于传统更加隔膜。或许，我们还听过盘古开天、后羿射日、嫦娥奔月的传说，但我们已经不知道它们背后蕴含着的文化内涵了。对于追求时尚和潮流的年轻一代来说，了解这些成语典故，能让我们更深切地感知我们民族的历史以及将要走的路。

我们都知道《圣经》中有创世纪的神话，那么，我们民族有没有呢？如果有，又是什么样子的？是谁最先在中国这片土地上生存？他们又是如何打理这片土地？汉高祖刘邦、唐太宗李世民、明太祖朱元璋，都是我们熟知的著名君主。那么，最初的君主又是什么人？他们又如何进行统治？我们常说，“继承祖先的传统”，可祖先从何而来？我们都有七大姑八大姨，这些亲戚又如何区分？芸芸众生，本来愚昧，又是谁首先来教导他们？最初的教导者，又教给了人们怎样的学术？所有这些问题，我们都可以在这本书中找到答案。

您面前的这本书，以成语解读的形式带您领略中华文化悠久的传统。我们不妨称它为“成语外传”。打开它，您不会毫无所得！

第一章，人文渊薮

乾：元，亨，利，贞。

初九，潜龙勿用。

九二，见龙在田，利见大人。

九三，君子终日乾乾，夕惕若厉，无咎。

九四，或跃在渊，无咎。

九五，飞龙在天，利见大人。

上九，亢龙有悔。

——《周易·乾》

一、观象授时

人类最初认知自然的行为，即是对空间和时间的分辨。中华民族作为农业民族，对天地的依赖非常强，最早的创世神话也是由此而来，这反映了我国古代人民辨方正位、观象授时的历史实践。

在现存的史料里，第一次系统地规划天地运行的行为出现在尧的时期。

很久以前，当政的首领叫做放勋，他就是帝尧。帝尧是一个非常圣明的君主，他崇尚文治，思虑周全，生活俭朴，秉性谦和。他的品性感染了全国子民，使他统治下的亲族和百姓之间都非常和睦。这个时候，天下万国都来臣服于尧，尧也重新设立了天下的秩序。

尧命令羲、和两人去观察天球上的日月星辰的运行。他们又分别命令其他四个臣子去四方观察天象。他们派遣羲仲前往东方的嵎夷之地，这个地方也叫旸谷。他在这里确定春分之时。在春分的时候，太阳从正东升起，昼夜平分，北斗的斗杓指向东方。在这个季节，因时顺气，成育万物。他们又命令羲叔去极南之地，叫做交阯的地方，去确定夏至。在夏至之时，白昼时间最长，北斗的斗杓指向南方。在这个季节，鸟兽羽毛稀疏，天气炎热。他们又命令和仲前往西土，在昧谷这个地方确定了秋分。秋分之时，太阳从正西方落下，昼夜时间相同，北斗斗杓指向正西。在这个季节，天气渐寒，鸟兽毛羽重生，但还不繁盛。他们又命令和叔去朔方，在幽都这个地方确定冬至。冬至时白昼极短，北斗斗杓指向北方。在这个季节，天气严寒，鸟兽的羽毛繁盛。经过长期精心观测，他们发现不同天体在天盖上的位置变化对应着时间的变化，找到了确定时间的准确标志。

《尚书·尧典》是儒家历史编纂学中最早的创世神话，但已经经过了朴素的历史化。在这之后出土的战国帛书里，观象授时的神话性体现得更为明显。

传说古代有一位大神叫做伏羲，他是华胥国的后代。他住在雷夏泽，带领着人民从事渔猎生产。那时天地未开，宇宙处于蒙昧的状态，到处是混沌莫辨的景象。当地虽然草木茂盛，但风雨时常肆虐。

伏羲娶女娲为妻，生了四个孩子，他们确立天道，于是天地乃定，化生万物。后来禹和契继承前业，划分土地疆界为九州，记录星辰移动的轨迹，疏通山川四海，使大地归于平静。当时还没有日和月，人民完全依靠伏

汉代伏羲女娲双龙纹画像石

羲和女娲的四个孩子分守四方，轮流在天周步行测算，以此确定季节。这四个孩子，老大叫做青干，老二叫朱四单，老三叫白大橪，老四叫墨干。他们所确立的就是春分、夏至、秋分和冬至。

又过了好多年，太阳和月亮才被帝俊创造出来。但九州还不平坦，大地与山川都向东南倾斜。伏羲和女娲的四个孩子又来到天空之上，推动天空围绕北极转动，又用青木、红木、黄木、白木和黑木做了五根柱子，撑起天空。这时炎帝又命令祝融请四子从天上来到人间，让他们确定两分、两至日太阳在天空上的运行轨迹，同时确定了东、南、西、北四个方向。这一切定好之后，帝俊开始命令太阳月亮沿着这些轨迹运行。

后来共工氏又根据日月的运行推算历法，却因为算法疏忽，形成阴阳两种历法，使阳历年长于阴历年。四子又重新设立闰月，使年岁相合。共工的疏忽使得时节无常，失去秩序；四子的努力又使得日月运行恢复了秩序。从此之后，人间才有了朝、昏、昼、夜的区别，宇宙就被创造出来了。

不论是传世经书还是出土帛书，都能看出中华民族最早的创世神话与“观象授时”有关。在帛书传说中提到的十二个人物：伏羲、女娲、四子、夏禹、商契、炎帝、祝融、帝俊和共工，除四子只与确立分至有关，其余八人都是古代历史神话中大名鼎鼎的人物。可见中华民族最初的领袖，就是带领大家观象授时的先人。因为他们可以从天象中得到给人间的启示，后来就被神化为“天子”。

“观象授时”，出自《尚书·尧典》：“乃命羲和，钦若昊天，历象日月星辰，敬授民时。”

知识窗

儒家“十三经”：儒家本有六经，即《诗经》、《尚书》、《仪礼》、《乐经》、《周易》、《春秋》。秦始皇“焚书坑儒”之后，《乐经》从此失传，东汉在此基础上加上《论语》、《孝经》，共七经；唐时加上《周礼》、《礼记》、《春秋公羊传》、《春秋谷梁传》、《尔雅》，共十二经；宋时加《孟子》，成为“十三经”。“十三经”是儒家文化的基本著作。

二、铜壶滴漏

铜壶滴漏是我国古代的一种计时方法，水由上面的盛水壶流到下面的受水壶，通过水面的升降来标示刻度（即时间）。这种对时间的成功掌握和运用可以说是古人的一大智慧与成就，而这却又是远古先民在长期的生活中逐渐摸索出来的。最能代表远古先民追求掌握时间的故事恐怕就是“夸父逐日”的传说。据《山海经》记载，夸父是一个族名，相传是大神后土的子孙。他们住在北方大荒之中一座名叫“成都载天”的山上。族人一个个都是身材高大的巨人，体力惊人。他们的打扮也很奇特，耳朵挂着两条黄蛇，手中还握着两条黄蛇。

夸父族的始祖，是后土的直系子孙。后土生了信，信生了夸父。有一天，不知为何，夸父不自量力，想要追逐太阳的影子，最后终于在禺谷赶上了。他这个时候已经累极了，就到黄河边去喝水，河水很快被喝干了，但他还是口渴。于是他继续向北跑，想去喝北方大泽里的水。他还没跑到，就在中途渴死了。他死了之后，所遗弃的手杖，化为了一片桃林。

有很多学者对这一故事进行了分析，有的认为其表达了不断进取的教育意义，有的认为这是民族迁徙的神话表述。也有学者从天文学角度分析，认为夸父所追逐的，是太阳的影子，而不是太阳本身，夸父逐日体现了中华民族最早根据日影测量时间的尝试。

中华民族最初测定时间，就是根据日影。测定日影的工具，就是表和圭。表出现的时间很早，它从人本身发展而来。最初测量日影的方式，是测量人的影子。后来用一根直立的木杆代替了人，这就是最初的表。表的应用，主要是为了确定方位。《周髀算经》记载："首先在平地上立一根表。以表为圆心，画一个圆。在太阳升起时，把表影与圆的交点标记下来。太阳落山时，再把表影与圆的交点标记下来。把这两个点连结起来，就是正东正西方向。在这条直线上做一条垂线，就是正南正北方向。"当然，这样的方法比较粗糙，还需要更细致的校准，比如参考白天正午时候的表影和晚上北极星的方位，但基础都是立表定位。后来，在表的基础上，出现了日晷。这都是根据表影方向的改变来确定时间。现在，我们在户外，如果没有戴手表，也会根据太阳方位和自己影子的位置，大概判断时间。

圭又叫土圭，它是与表配合使用的仪器。它的功能

日晷

是测定表影的长度，根据表影的长短，确定一年的四至和节气。表影最长的时候，是冬至日，最短的时候，是夏至日，其余节气，依此类推，甚至可以用算术推算出来。最早的土圭，玉制，长一尺五寸。据《周礼》记载，当时认为，在夏至日这一天，表长八尺，日影长度为一尺五寸的地方，是天下的中心。后来，据说周公找到了这个中心，就在河南登封。夸父逐日的故事，很有可能讲述的就是最初测量日影的过程。而根据对日影的测量，中国古人也较早测出了回归年的天数。

表的测时，总还是有些不准确，而且极易受天气的影响。后来表的含义，多半归结于“中”这个有政治色彩和哲学色彩的含义上去了。测时仪器的主流，变为了漏壶。比较好的后期漏壶，也就是我们常说的“铜壶滴漏”。古代人发现，小孔里漏出的水的数量，与时间的流逝有明显的关系，在此基础上，古人发明了漏壶。现在我们见到漏壶的机会可能不多，但沙漏是我们常见的工艺品，漏壶的原理和沙漏是一样的，但是比沙漏结构上要复杂得多，使用的工具水也比沙更方便获取。

最初，漏壶与表是同时使用的。春秋末年，齐国的司马穰苴受齐侯命令，率军队与燕国交战。司马穰苴觉得自己地位卑微，就请齐侯给自己配置一个监军，齐侯就选定了宠臣庄贾。司马穰苴与他约定第二天正午在军营会合。第二天，司马穰苴先到，立起了表，也设置了漏壶。结果，庄贾只顾和饯行的亲友喝酒，又觉得自己身份高贵，没有注意时间。表影和漏壶都显示正午已到，但庄贾还没有到军营。司马穰苴就放倒了表，打破漏壶，自己进入军营，讲明军法。傍晚时分，庄贾终于来了，司马穰苴以军法处置了他。齐景公本来派人来营救，但司马穰苴说了一句很有名的话：“将在军，君令有所不受。”于是确立了自己的权威，打败了燕国。后来司马穰苴被别的大臣弹劾，齐侯估计也一直对他有所怀恨，

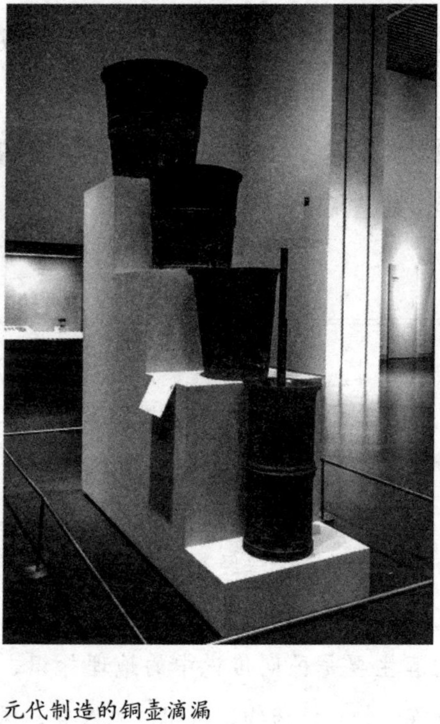

元代制造的铜壶滴漏

就解除了他的兵权。他退职后，气闷交加，很快病死了。

其实，表在军营里，当时主要是起政治象征和代表作用，后来逐渐演化成军旗，成为一个明显的符号，以便军队很远就能看到它，聚集在它周围。后来，漏壶经过不断改进，成为了中国古代精确确定时间最重要的工具。相反，表的升级版——华表和日晷，则成了皇权的象征，没有了实用功能。

“铜壶滴漏”，出自唐温庭筠的《鸡鸣埭歌》：“铜壶漏断梦初觉，宝马尘高人未知。”

知识窗二

《山海经》是中国先秦重要的古籍，也是一部富于神话传说的古老奇书。该书作者不详，并不成于一人。《山海经》传世版本共计十八卷，包括《山经》五卷，《海经》十三卷，各卷著作年代无从定论，成书时间约为战国到西汉初年。《山海经》内容主要是民间传说中的地理知识，包括山川、民族、物产、药物、祭祀、巫医等，保存了包括夸父逐日、女娲补天、精卫填海等不少脍炙人口的远古神话传说和寓言故事。

三、七月流火

在我国古代，除了通过观测太阳能对一年的时令有所了解外，通过观察大火星也是了解天象的重要途径。大火星，即天蝎座的主星，在中国古代叫做大火、大辰、商星或心宿二。大火星是一颗非常明亮的红色一等星，每年春分之际，在黄昏时刻出现在东方的地平线上。这时人们放火焚田，为新一年的耕作做准备。放火烧田，可能就是此星被称为“大火”的由来。大火星每年秋分之时，就会在黄昏时出现在西方的地平线上，渐渐消失。此时黄昏时在东方出现的，是猎户座的主星，古代叫做参星。这两颗星，平时见不到面，各自在天空中停留半年，后来还衍生出一个小故事。传说过去高辛氏有两个孩子，老大叫做阏伯，老二叫做实沈，这两个人谁也不服谁，总是带领各自的族人大动干戈。后来高辛氏看不下去了，就把阏伯和他的族人迁到了商丘一带，负责观测辰星的运动。他的后代就是商人的祖先，所以辰星又叫做商星。高辛氏又把实沈迁到了大夏一带，负责观测参星的运动，后来被晋国人所代替。这就是古代常说的“参商不相见”

的典故由来。以这两颗星作为观测对象，中华民族创造了一种上古历法，就是火历。

火历对中国文化影响很大。后来大火星被归入二十八宿的心宿，心宿又是东方七宿之一，东方七宿组成苍龙之象，大火星被视作龙心。所以中国对龙非常崇拜。现在，二龙戏珠中的珠子，就是大火星的代表。虽然火历在后来被其他历法代替，但大火星的变动仍然被人们所重视。《诗经·豳风·七月》是《诗经·国风》

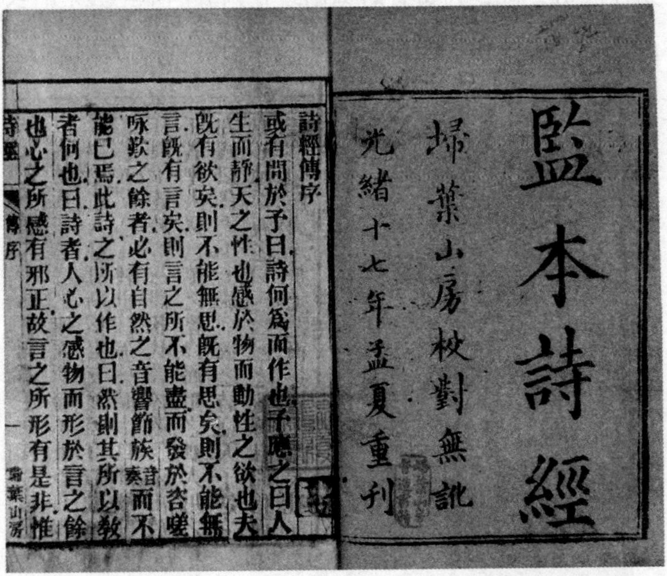

古本《诗经》书影

中最长的一首诗，它以不同的工作形式，展示了古代人民一年的劳动景象：

七月份的时候，大火星流向西方。九月份，妇女就要缝寒衣了。否则到了一之日这个月，北风就吹过来了，二之日的时候，就寒气逼人了。三之日这个月，农民开始修锄犁。四之日这个月，下地去耕种。妻儿负责中午送饭，还有田官监督大家种田。八月的时候，庄稼就丰收了。九月份，修筑打谷场。十月份庄稼就可以进仓了。

春天到来之后，大家要去采桑养蚕。八月份，要收割芦苇，然后织麻缫丝，给贵人做衣服。一之日的时候，猎人还要上山猎貉和狐狸，把皮毛送给贵人做皮袄。二之日的时候，猎人会合，继续打猎，为年底准备肉食。

六月份可以吃李子和葡萄。七月份可以煮葵又煮豆，还可以吃瓜。八月份开始打红枣，摘葫芦。九月份拾萞麻，摘野菜，同时为冬天备好柴火。十月份下田收高粱，同时酿酒。

庄稼收割完之后，就到了冬天。农闲的时候得为官家修筑宫室，修筑完官家的宫室，还得整理自己家的房屋。二之日这个月还要凿冰。三之日搬进冰窖中，供夏天使用。四之日忙完了一年，开始祭祖，献上牺牲。大家终于可以闲下来好好吃一顿了，之后，忙碌的一年又要开始了。

《七月》里的“七月流火”，就是火历的遗存。其他文献里，还有“六月火中”、“八月火伏”和“九月内火”的说法，这都是描述大火星不同月份在天上的位置。“七月流火”指的是在七月份的时候，大火星从天空正中，落到天空的西方，天气开始转凉。这个七月，是农历的七月，也有人说是农历的八月，并不是我们现在公历的七月，也不是说七月份像火一样炎热。

《七月》里出现的“一之日”，有人说是因为文学修辞的缘故，也有人说这是周历的正月。这与古代的“月建”说和“三正”说有关。中华民族在创造了十二地支这个概念后，把天周也分为十二等份，分别配以子、丑、寅、卯、辰、巳、午、未、申、酉，戌、亥十二支。然后古人观察北斗七星的转动，在某个月，斗杓所指向的天周区域的地支是什么，就称之为“建某月”。农历十一月是建子月，十二月是建丑月，正月是建寅月，依此类推，这就叫“月建”。到了春秋战国时代，又有阴阳家说夏代、商代和周代所用的历法不同，最主要的区别是正月不一样，夏历正月建寅，商历建丑，周历建子，这就是“三正”说。“三正”说，或许说明在中国古代，各地区所用历法不同。后来的历法，都以建寅月为岁首，因此农历又叫做夏历。

“七月流火”，出自《诗经·豳风·七月》：“七月流火，九月授衣。”

四、盈盈一水

天上有数不清的星星。中国古代的一部词典《释名》就说："星者，散也。"因此，为了便于观察星象，古人并不把星星看做是孤立的，而是把它们划分为一个个图形，这就是星象。任何地方的先民，观察星星时都是用这种方法。古代西方观察天象最重要的星座，即黄道十二宫；而在中国，则是二十八宿。这二十八宿后来与四方相配，分别是：

东方七宿：角、亢、氐、房、心、尾、箕。

南方七宿：井、鬼、柳、星、张、翼、轸。

西方七宿：奎、娄、胃、昴、毕、觜、参。

北方七宿：斗、牛、女、虚、危、室、壁。

这些星官的命名，基本都来自于日常生活。比如牛、角、尾、翼，都是动物，箕、斗是古代的用具，室、井是生活中的建筑，等等。后来，人们在二十八宿之外，又给其他的星官命名，这时就把人间的政治和社会组织搬到了天上，星官们纷纷叫帝、太子、上将、大理等。

二十八宿起源很早，也形成了很多神话。最著名的，

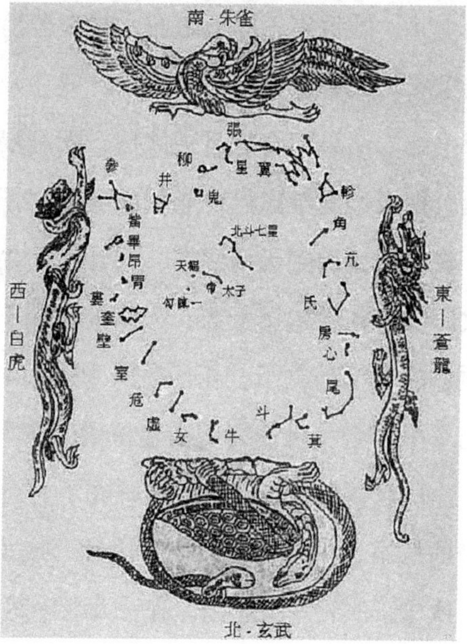
南·朱雀
張
柳
星
翼
軫
井
鬼
參
角
北斗七星
觜
亢
畢
天樞
昴
胃
帝
太子
婁
勾陳一
氐
奎
房
壁
心
室
尾
危
斗
虛
女
牛
箕
西—白虎
東—蒼龍
北·玄武

二十八星宿图

就是牛郎织女的故事。

牛郎织女故事的原型，来源于《诗经》。《诗经》里只是把天上星宿作了人格化比喻，将它们比作织女和牵牛。后来到了汉代，才渐渐有了故事的雏形。最初的故事很简单，就是说在天河的东边，有一个织布的女子，是天帝的女儿。她每年不停地织布，很辛苦地为天上众神织云锦天衣。天帝觉得她非常孤单，就让她嫁给天河西边的牵牛郎。结果织女嫁过去之后，就沉浸于自己的幸福生活，把天帝交给自己织布的任务耽误了。天帝非常生气，就又让她回到天河之东，只让织女牛郎每一年相会一次。每年入秋的第七天，人间的喜鹊不知什么原因，头顶上的羽毛都秃了。相传是因为这天牛郎和织女在银河的东岸相会，役使喜鹊搭建桥梁。二人从它们头顶走过去，所以喜鹊头上的毛都被踩秃了。

后来的故事，牛郎已被打入了人间，成了一个真正的放牛小伙子。他有一头老牛，有一天老牛忽然说了话，对他说有仙女会来附近的河里洗澡，让他去把织工最好的那件衣服拿走，那个仙女就可以做他的妻子。牛郎来到河边，在芦苇丛里等着。果然过了不久，织女和她的姐妹们就来洗澡了。牛郎听了老牛的话，就把织女的衣服拿走了。其他的仙女洗完澡后，穿上衣服回天上了。

牛郎织女故事雕刻

织女没有衣服，不得已留了下来，做了牛郎的妻子。结婚之后，男耕女织，日子过得很幸福，两人也生了两个孩子。就在这时，王母娘娘发现了这件事，就把织女捉回天庭问罪。老牛对牛郎说，在它死后，剥下它的皮，披着就可以上天。说完老牛就死了。牛郎剥下了它的皮，用扁担挑着一对儿女就上了天，去寻找织女。他果然见到了织女，却被王母娘娘发现了。王母娘娘用她的发簪，在织女和牛郎中间这么一划，就成了银河，把他们隔开了。现在的河鼓星，有三颗星，是扁担形，中间那颗是牛郎，两边的是他的子女。后来，王母娘娘开恩，允许他们每年的七月初七见上一次。现在七月七日成了中国的“情人节”，但在古代，民间则把它称为“乞巧节”。因为人们都知道织女是劳动能手，因此女性在七月七日这一天，都向她“乞巧”。

织女和牛郎在天上的星宿，本是天河附近的织女和河鼓两宫。这两宫中的主星，都非常明亮，易于被北半球生活的人观察。后来在此两宫基础上，发展出了牛宿和女宿。古人既通过观测星象，确定时令，又能很好地把风俗融入到星象里，形成故事，同时也有利于古人记住数量众多的星宿。

“盈盈一水”，出自《古诗十九首》：“迢迢牵牛

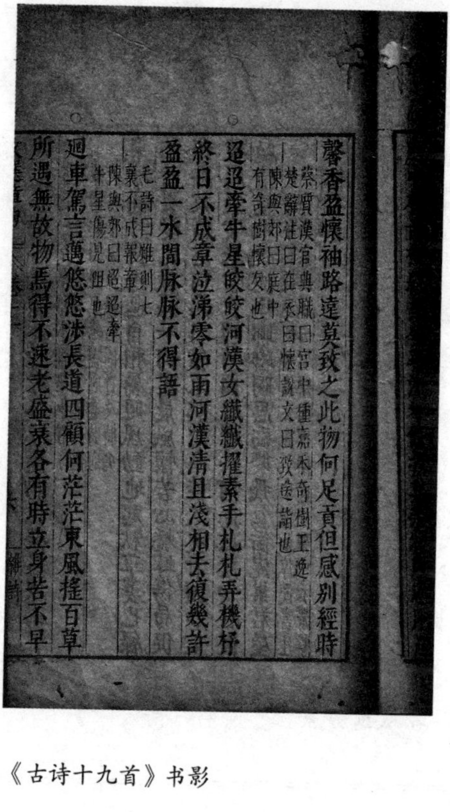

《古诗十九首》书影

星，皎皎河汉女。纤纤擢素手，札札弄机杼。终日不成章，泣涕零如雨。河汉清且浅，相去复几许？盈盈一水间，脉脉不得语。”

知识窗三

《古诗十九首》是在汉代民歌基础上发展起来的五言诗，可以说是最早的五言诗。内容多写离愁别恨和彷徨失意，情调低沉。但它的艺术成就却很高，长于抒情，善于借物。最早见于《文选》，为南朝梁萧统从传世无名氏《古诗》中选录十九首编入。《古诗十九首》习惯上以句首标题，依次为：《行行重行行》、《青青河畔草》、《青青陵上柏》、《今日良宴会》、《西北有高楼》、《涉江采芙蓉》、《明月皎夜光》、《冉冉孤生竹》、《庭中有奇树》、《迢迢牵牛星》、《回车驾言迈》、《东城高且长》、《驱车上东门》、《去者日以疏》、《生年不满百》、《凛凛岁云暮》、《孟冬寒气至》、《客从远方来》、《明月何皎皎》。

五、飞龙在天

在二十八宿之后，中华民族又把星宿和四方、四季、五色、五行相联系，创造出了四灵，即四种神兽代表二十八宿。这即是东宫苍龙、西宫白虎、南宫朱雀和北宫玄武。

苍龙是东方七宿角、亢、氐、房、心、尾、箕的合象，它代表东方、春季，属木。龙是中华民族最为崇拜的动物。但因为龙是人文与自然的结合体，现实中并没有这样的动物，因此龙的来源，有很多说法。比较著名的一种说法，是说由各种不同族群的图腾，经过互相兼并、融合，形成了新的图腾——龙。此处，还有另一种说法，即龙是天上的星宿在地上的投影。

《说文解字》介绍龙说："龙，是鳞虫之长。它变化万千，忽而现身，忽而不见；忽而极细小，忽而极巨大；忽而极短，忽而极长。龙在春分的时候，现于天上；在秋分的时候，又回到深水里。"这段描述已经透露出了"龙"的来历。我们注意到，龙在春分的时候，出现在天上，在秋分的时候，消失不见了，这种变化，与之前提到的“大火”在天上出现的规律非常吻合。大火，是心宿里最明亮的星。因此，龙，最开始就是以大火为中心形成的星象。

东宫七宿，有六宿与龙有关。角，就是龙角；亢，就是龙的咽喉；氐是龙首和龙的前足；房是龙腹；心是龙心；尾是龙尾。后人把箕宿也看成是龙尾之余，但其实大可不必如此，因为四象都是根据四方最主要的星发展而来的，而二十八宿的产生，比四象要早，所以每一宿都可以独立。因为各地都普遍以大火星为主观察天象，所以龙在不同地区所反映的形象自然也就不同。比如在黄河流域，龙就像鳄鱼，而在辽河流域，就像马。后来的民族融合，也确实对传统龙的形象的生成起到了一定的作用。

因为龙的含义，导致龙有两种完全不同的形象。最初的观象授时，只能由统治者进行，所以龙自然就与皇室相关，成为统治阶层专用的形象。又因为龙与天气紧密相关，特别标志着降雨，但天气并不是时常都让人遂心，所以龙在神话和传说中，也经常以凶恶的河神或海神的形象出现。

传说龙有九子。大儿子叫囚牛，因为喜爱音乐，常在琴头上出现。二儿子叫睚眦，性格非常暴躁，酷爱杀戮，多被安放在兵器上，用以威慑敌军；也用在仪仗上，以显得更加威严。我们平时用的“睚眦必报”，并不是出自这种动物。睚眦指因发怒而瞪眼的神态，是指很小的仇恨。不过，龙的二儿子用这个名字，倒可以说是名符其实。三儿子叫嘲风，善于瞭望，多安放在宫殿的角上，据说可以威慑妖魔、消灾避祸。四儿子叫蒲牢，非常喜欢吼叫，因此常出现在钟上。据说它住在海滨，但却十分害怕鲸鱼，一旦鲸鱼靠近，它就会吓得乱叫。因此人们把木杵造成鲸的形状，以令铜钟格外响亮。五儿子叫狻猊，形似狮子，它其实是随佛教传入中国的，所

故宫墙壁雕龙

以常常被安放在佛位上或香炉上，让它为佛门护法。六儿子叫霸下，样子像龟，跟随禹治水时，立下汗马功劳，治水成功后，禹就把它的功绩刻成碑，让它自己背起，所以很多石碑的底座都是它。七儿子叫狴犴，样子像虎。相传它主持正义，而且能明是非，因此它被安放在衙门大堂两侧以及官员出巡时“肃静”、“回避”的牌上，以维护公堂的威严。八儿子叫负屭，它喜爱文学书法，故多出现在石碑的两侧，与霸下同时出现。九儿子是蠟吻，又叫做鸱尾，是龙首鱼身，据说也是随着佛教传入中国的。它是雨神座下之物，能够灭火。因此，在中国古代的木制建筑中，多安放在屋脊两头，作消灾灭火之用。

从这里我们可以看到，龙崇拜的流传之广，几乎涉及了生活的方方面面，还吸收了后来传入中国的佛教内容。但也有人说，龙生九子，各不成龙，这也暗含了老百姓对统治阶层的讽刺。

“飞龙在天”，出自《周易·乾》：“九五，飞龙在天，利见大人。”

六、朱雀玄武

南方七宿井、鬼、柳、星、张、翼、轸统称朱雀，主夏季，属火。朱雀，最开始是由鸟这一形象发展而来。组成鸟形的，是柳、星、张、翼四宿。柳宿又名咮，意思是鸟喙；星宿是鸟的脖颈；张宿是鸟的嗉子；翼宿是鸟的翅膀。后来才扩展成朱雀的形象。要注意的是，朱雀不是凤凰，而是特指代表南方的神兽。中国传说中的凤凰，是分雌雄的，雄为凤，雌为凰。汉代才子司马相如为追求卓文君，写过一篇著名的《凤求凰》。如果担心记不清凤凰哪个是雌，哪个是雄，那就记住“凤求凰”好了。在当时的社会，当然是雄性追求雌性为主流。朱雀只有一只，主火，这点和西方文化里的凤凰很像。

北方斗、牛、女、虚、危、室、壁七宿统称玄武，主冬季，属水。玄武的形象是龟和蛇，起初来自于虚和危两宿。这两宿连起来，是个五边形，正是龟壳的形状。在西汉的星图里，龟壳里又画了一条小蛇。蛇的来源不明，可能是因为虚和危两宿以北的螣蛇座。玄武中的玄，是表示颜色，武，表示实体。为什么把龟和蛇的形象叫做武，至今我们仍不清楚。

朱雀玄武，在古代，恐怕代指方向的功能强于其他功能。当然，道教出现后，也对它们进行了神化甚至人格化。历史上，最出名的与朱雀玄武相关的事物，就是唐长安城里的朱雀大街和玄武门。朱雀大街，就是唐长安城宫城以南的最著名的一条大道。据文献记载，它宽约150米，长5000余米，从宫城的南城门延伸出去，一直到达南山。唐长安城也以此分为东西两部分。玄武门，是唐皇城的北门，从这里能直入皇城，在此曾发生过著名的“玄武门之变”。

汉代朱雀瓦当

玄武门之变，是唐高祖武德九年（公元626年）六月初四由高祖李渊的次子秦王李世民在玄武门附近发动的一次流血政变。他杀死了当时的太子李建成和齐王李元吉，逼唐高祖退位，自己继承皇位，这就是著名的唐太宗。

隋炀帝大业年间，当时的唐国公李渊在晋阳起兵，讨伐隋朝。不久便占领长安城，建立唐朝，并立长子李建成为太子，封次子李世民为秦王，四子李元吉为齐王。当时天下还没有平定，关东还有很多同时起义的军队。李世民主要负责关东战事，一点点奠定了唐朝的基业。李建成主要在长安城里监国，战功不多。随着李世民功盖天下，李建成拉拢李元吉，排挤李世民。也有说李渊起兵反隋就是李世民出的主意，李渊曾答应他事成之后立他为太子。但天下平定后，李渊却犹豫不决，还是根据嫡长继承制立了长子。不管怎么说，都能看出，李世民在初唐时期，功业巨大，甚至超过了李渊。

斗争渐渐白热化，李建成集团和李世民集团终于要拔刀相见了。武德九年六月初三，李世民秘密上奏父皇，告发李建成和李元吉与后宫的嫔妃淫乱。李渊下令第二天一早审查此事。六月初四，李世民率领长孙无忌、尉迟恭等幕僚，先在玄武门埋下伏兵。李建成、李元吉也

唐太宗李世民

一起入朝，来到玄武门。进门之后，二人察觉了伏兵，立即掉转马头，准备向东返回东宫和齐王府。李世民跟在后面呼唤他们。李元吉先张弓搭箭，射向李世民，但由于慌张，射了好几次都没有射中。李世民却直接射死了太子李建成。尉迟恭带领将士射死了李元吉。李建成的部下也组织兵马，围攻秦王府和玄武门，但看到太子的首级后，就知道事败，一哄而散了。尉迟恭身披铠甲，手握长矛，径直来到高祖所在的船上，告知唐高祖这件事。于是高祖退位，将皇位传给了李世民。

司马光在《资治通鉴》里评价这件事说："本来由嫡长子继承皇位，才是符合礼法的事。但是高祖之所以能当上皇帝，都是太宗的功劳。李建成太子品行平庸，不如太宗，又排挤太宗，两人必定会争斗。如果高祖像周文王那样贤明，李建成像太伯那样肯于让位，太宗有子臧那样高风亮节，那么就不会有动乱了。既然大家都不能做到古人那样，太宗也应该等李建成先动手，然后应战。这样，才能说得过去，毕竟自己一方还是正义的。但是太宗被僚属逼迫着发动玄武门事变，最终被千古讥笑，实在是可惜了！王朝建立最初的几个君主，是后世子孙们学习的榜样，像唐朝后来的中宗、明皇、肃宗、代宗为继位所发动的政变，恐怕就是太宗时留下的坏影响吧！”

“朱雀玄武”，出自《三辅黄图》：“苍龙，白虎，朱雀，玄武，天之四灵，以正四方，王者制宫阙殿阁取法焉。”

七、西狩获麟

除去苍龙、白虎、朱雀、玄武这四象外，中国还有一种神兽是麒麟。

说到麒麟的来历，我们还得从玄武说起。在最早的星图上，北宫七宿的代表是鹿，而不是玄武。鹿，有可能是危宿和坟墓这两个星象的合体。“麒”、“麟”，都是“鹿”字旁，因此这种神兽很有可能是从鹿发展而来。麒麟也是分雌雄的，雄性称麒，雌性称麟。这可能与阴阳思想有关。

玄武，为何代替了鹿，有可能与人对动物的认识及五行的发展有关。古人把动物分成倮虫、鳞虫、羽虫、毛虫和介虫。《吕氏春秋》记载：孟春、仲春、季春：其日甲乙，其帝太皞，其神句芒，其虫鳞，其音角。孟夏、仲夏、季夏：其日丙丁，其帝炎帝，其神祝融，其虫羽，其音徵。中央土：其日戊己，其帝黄帝，其神后土，其虫倮，其音宫。孟秋、仲秋、季秋：其日庚辛，其帝少皞，其神蓐收，其虫毛，其音商。孟冬、仲冬、季冬：其日壬癸，其帝颛顼，其神玄冥，其虫介，其音羽。

鳞虫，主要是水生动物，以龙为长；羽虫，主要是鸟类，以凤为长；毛虫，主要是哺乳动物，以虎为长；介虫，就是带甲壳的动物，以龟为长。古人认为甲壳象征着封闭储藏，和冬季代表的意义符合。倮虫，就是没有鳞、羽、毛、甲的动物。人是倮虫之一，按说，应该以人为长。但在春秋战国，却逐渐被玄武取代的鹿所衍生的麒麟代表了。但麒麟（或鹿）终究不能代表正中的天象，还是让位于人所假设的天帝和三垣。后来，麒麟就退出了代表天象的系统，只是作为古代的神兽出现。

但麒麟毕竟做过一段时间中央的代表，所以它就和帝位联系在了一起。孔子晚年作《春秋》，以“西狩获麟”绝笔。说是鲁哀公十四年的春天，大家在鲁国西边的大野泽打猎，叔孙氏的家仆钼商打到了麟，不认识是何物，就砍掉了它的左足，带了回来。叔孙氏认为是不祥之物，就把它的尸体抛到了城外，并派人去问孔子，说：“像麇鹿而头上有角的动物，是什么呢？”孔子去看了尸体，说是麟，然后大哭不止。子贡问孔子：“老师，您哭什么呢？”孔子说：“麟是圣王的象征。它现在出来，并不是时候，反而还被人杀害了。我是为它伤心啊！”

《春秋公羊传》对这件事解释道：“春，西狩获麟。为什么记下这件事呢？因为这是一件异事。为什么奇

故宫麒麟雕塑

异？因为麟并不是中国的野兽。那么谁打到了它？是打柴的人。打柴的人地位很低，那为什么用‘狩’这个字眼呢？这是说这件事意义很大。为什么说意义大？因为获麟而意义大。为什么获麟意义就大？因为麟是仁兽。有圣王的时候，麟才出现，没有就不出现。西狩获麟，孔子说：‘恐怕我所宣扬的道理走到尽头了吧。’”因此，后来麒麟成为祥瑞，代表着圣王的出现。

西汉初年，淮阴侯韩信想叛乱，事泄被杀。韩信死之前说：“我真后悔在楚汉相争之际，没听蒯通的话拥兵独立，现在死在吕后这个女子之手。”刘邦听说后，说：“蒯通是齐国的辩士。”于是下诏让齐王把蒯通带

梅花鹿

到长安。刘邦想烹杀蒯通，用刑之前说：“你为什么教韩信谋反？”蒯通说:“狗都是冲着不是自己主人的人叫。当时我只知道有齐王韩信，不知道有皇上您。况且秦失其鹿，天下人都可以追逐，谁本领高，谁就先得到。当时天下所有人都想像您一样称帝，但能力不够，难道都要杀了他们吗！”刘邦听了这话，便赦免了蒯通。“秦失其鹿”，后人注之，以为鹿是帝位的象征。也有人说鹿代表百姓，或者说“鹿”同“禄”。但我认为，这些解释都有点牵强。似乎以鹿曾与帝同配中央来解释，更为合理。

“西狩获麟”，出自《左传·哀公十四年》：“十有四年春，西狩获麟。”

八、盘古开天

中华民族的传说中，也有把自然崇拜人格化的现象。往前追述，就追述出创世神。这些创世神，既创造宇宙，又创造人类。中国神话中最早的创世神，是一个叫盘古的神。

相传，天地最开始一片混沌，就像鸡蛋一样。有一个叫做盘古的神在其中孕育。经过一万八千年之后，天地开辟了，阳气清，上升为天；阴气浊，下降为地。盘古站在其中，一天变化九次。盘古比天地还要神圣。天每日上升一丈，地每日加厚一丈，盘古也每日长高一丈。又经一万八千年，天极高，地极深，盘古极长，天地相隔有九万里。

后来的人们在此基础上不断增加细节。说盘古龙首蛇身，呼吸就形成了风雨，发声就形成了雷电。它睁开眼，世界就是白天；它闭上眼，世界就变成了黑夜。盘古死后，他的呼吸就成了风云，声音的回响就成了雷霆，左眼变成了太阳，右眼变成了月亮，它的四肢和身体变成了四方的极致和五岳，血液变成了江河，筋脉变成了天然的地理分界，肌肉变成了田土，他的毛发髭须化作星辰，皮毛化作草木，牙齿和骨头变成矿藏，精髓变成珠宝和美玉，他的汗成为雨，他身上的小虫，被风一吹，就化成了天下百姓。总之，盘古创造了这世上的一切。秦汉时候的民俗还说，盘古氏的头是东岳，腹部是中岳，左臂是南岳，右臂是北岳，双足是西岳。

盘古正式进入中国的文献记载，非常晚，是由三国时期徐整的《三五历纪》首次记载的。而根据后来的记载，盘古氏的墓在南海，祠在桂林。因此后人分析，盘古起初可能是南方苗族的祖先，后来被汉族神话拉了进来，

盘古画像

并把它当做自己的创世神。注意，这个苗族并不是我们现在所说的狭义的苗族，而是泛指当时我国南方和东方的各个民族。

在《后汉书·南蛮传》里，有这样一则故事。在高辛氏统治的时候，犬戎为患，高辛氏派兵征伐，却没有获胜。高辛氏非常担忧，于是诏告天下，说谁能斩下犬戎首领吴将军的首级，就赐黄金万两，赐人民一万家，同时把女儿嫁给他。当时高辛帝养了一条彩色的狗，叫做盘瓠。盘瓠听了高辛氏的诏令，自己前往犬戎大营，把吴将军的首级咬了下来。回来之后，高辛氏把女儿嫁给了它。盘瓠娶了高辛氏的女儿之后，就把她背到南边的山里，用石头盖了房子住了下来。三年之后，生了十二个孩子，六男六女。盘瓠死后，他们各自婚配，就成了当地人类的始祖。这个故事在我国南方瑶、苗、黎族中也广为流传。据说那时的人民都非常虔诚地祭祀盘瓠王。

《庄子》里还有一个神话传说。说南海的天帝叫倏，北海的天帝叫忽，中央的天帝叫浑沌。他们三个关系很好。倏和忽经常到浑沌那里去作客，浑沌也尽心招待他们。倏、忽觉得过意不去，想报答浑沌。它们发现每个人都有眼耳口鼻等七窍，唯独浑沌没有，只是一个大肉团。倏、忽就想帮浑沌开窍。他们就带了斧子凿子等工具，一天凿一窍。结果七天之后，七窍凿完了，浑沌也死了。倏、忽代表着时间，它们给浑沌开窍，似乎也意味着天地从浑沌中渐渐成形。

“盘古开天”，出自《三五历纪》：“天地浑沌如鸡子，盘古生其中。万八千岁，天地开辟，阳清为天，阴浊为地。盘古在其中，一日九变，神于天，圣于地。天日高一丈，地日厚一丈，盘古日长一丈。如此万八千岁，天数极高，地数极深，盘古极长。后乃有三皇。数起于一，立于三，成于五，盛于七，处于九，故天去地九万里。”

盘古开天辟地雕塑

九、补天浴日

在汉族的传说中，还有两个非常重要的大神，就是伏羲和女娲。我们先来说一说女娲。《说文解字》里面说："娲，是古代神圣的女子，她化育了万物。"关于女娲的传说，最著名的有两个，一个是造人，一个是补天。

天地开辟之后，起初并没有人类。大神女娲觉得非常孤单，于是她在一处水池旁蹲下来，用池水和池边的黄泥，仿照自己在水里的倒影，捏出了一个个小泥人。放到地面上，这一个个小泥人就活了过来。这就是最初的人类。但是大地实在太大了，她亲手捏了很久，觉得太慢，也太累了。于是她从周围的山上折断一根藤条，沾满和好的泥浆，挥舞起来。泥浆洒在地上，也都变成了人。大地上出现了人类，女娲又思考，怎样让人类永远繁衍下去呢？总不能等这一批死亡之后再造一批吧！于是，她创造了婚姻制度，使男女互相结合，生育下一代。这样，人类就一代代繁衍下来。女娲也被人们奉为高禖，即婚姻之神。

但是，突然有一天，天地发生了极大的变动，天空突然出现了一个大窟窿，地面也龟裂的不成样子。因为这种大变动，大火蔓延开来，燃烧山林；洪水浩荡不息；猛兽从山林走出，到处吃人；大鹰在天空中盘旋，专门抓老弱妇孺。女娲看到她造出的人类受到这样的灾祸，非常痛心，又来帮助人类。她选用五种不同颜色的石子，架起火将它们熔化成浆，用这种石浆将天上的窟窿补好。她又斩下一只大鳌的四支脚，在大地的东北、西北、东南、西南四极各立一只，用这由四只鳌脚做成的四根柱子，把天支撑起来。女娲还擒杀了残害人民的黑龙，使百姓免于野兽的祸害；她又把大量芦草烧成灰，堵住了肆虐的洪水。这样，大地又恢复了平静，人民的生活又有了秩序。

女娲所补的天，后来又遭到了一次破坏。我们可以看出，女娲补天前后，天地都是平的。后来颛顼帝当政，因为他曾经是北方的天帝，于是就有些偏心，把太阳、月亮和星辰都集中在北方。这样有些地方，就是常年的黑夜。这时有个大神共工，与颛顼争帝位。二人经过一场大战，共工不敌。共工退到西北方的天柱之下，越想越气愤，一头撞向这根柱子，把它给撞折了，它的形体也就不完整了，因此后来的人们把它叫做“不周山”。共工这么一撞，整个宇宙又发生了一场大变动，西北方

女娲雕像

向的天降了下去，地升了上来。原本固定在北天的日月星辰，也不由自主地向西边移动，这样日月星辰的运行就变成了东升西落。另外，在大地上，西北高，东南低，因此江河的水，都从西北向东南流，东南也就形成了海洋。这次破坏，并没有女娲时期的破坏那么严重，人民也能生活，因此也没有大神再来恢复天地的水平。天和地，就一直保持了这个样子。

又有传说，东方天帝帝俊，和妻子羲和一起生了十个儿子，这就是十个太阳。他们住在东方海外的旸谷。那里有一棵大树，名叫“扶桑”。扶桑有几千丈长，又非常粗，那就是十个太阳的家。他们轮流交替出现在天空，都由他们的母亲羲和驾车护送。太阳虽然有十个，但每次只出去一个，这是安排好的秩序。羲和常常带着儿子们在东南海外一个叫做甘渊的地方洗澡，她把儿子们一个个都洗得干干净净，非常明亮。这个羲和的原型，有人说就是女娲。因此，“补天浴日”，就成为了女娲非常伟大的功绩。

“补天浴日”，出自《淮南子·览冥训》：“于是女娲炼五色石以补苍天。”《山海经·大荒南经》：“有羲和之国，有女子名曰羲和，方浴日于甘渊。”

知识窗四

《淮南子》，又名《淮南鸿烈》，是西汉淮南王刘安及其门客集体撰写的一部作品。据《汉书·艺文志》载："《淮南》内二十一篇，外三十三篇。"颜师古注："内篇论道，外篇杂说。"现今所存的有二十一篇。据注《淮南子》的高诱说，"鸿"是广大的意思，"烈"是光明的意思。全书内容庞杂，将道、阴阳、墨、法和一部分儒家思想糅合起来，但主旨倾向于道家。《汉书·艺文志》则将它列入杂家。

十、羲皇上人

伏羲，也是中华民族神话中著名的大神。他也被称为宓羲、庖牺、伏戏等，可见是中华民族祖先里的著名人物，到处都有他的传说。他是神话与历史的分水岭，在他之后，人有了自己的秩序。羲皇上人，就是指伏羲之前，无拘无束、生活悠闲的人。伏羲和女娲，生四子，率众臣，建立宇宙秩序的故事，在本书的开头就已经说了。这里主要讲讲伏羲在人类繁衍上所作的贡献。这个神话，可称之为中国版的“诺亚方舟”。它的来源，还是苗族。

据说，以前有一个勇士，有一男一女两个孩子。当时他们住的地方有个雷公，经常发怒，常下暴雨。这个勇士在一个下暴雨的晚上，抓住了作孽的雷公，把它关在笼子里。勇士准备第二日杀掉它。早晨，勇士去集市上买材料，让他的两个孩子来看守雷公。临走前，勇士嘱咐他们：“千万不要给雷公喝水。”

勇士出门之后，雷公假装呻吟，做出各种痛苦的神态。孩子们问雷公怎么了，雷公说口渴的要死了，请求

伏羲刻像

他们给它一碗水喝。孩子们记得父亲走之前所说的话，拒绝了雷公。雷公又恳求："就是几滴刷锅水也好啊！"说完闭上眼睛，张开嘴巴，在笼子里等待着。

孩子们终于被打动了，蘸了几滴水滴到雷公的嘴里。雷公得了水，非常高兴，说："我要出来了。"他让孩子们躲到门外。接着就是一声巨响，雷公冲破了笼子，飞了出来。他在临走之时，从自己嘴里拔下一颗牙齿，交给两个孩子说："你们把它种在土里，如果遭遇灾难，就藏在它结的果实之中。"

勇士回家以后，发现雷公已逃走，就知道大事不好，也顾不得责怪孩子，连忙打造了一条船。两个小孩也把雷公的牙齿种在了地里。第一天就发芽开花结果了，第二天果子就长得极大，最后结了一个大葫芦。孩子们在葫芦顶上锯开一个他们能钻进去的洞，一看里面密密麻麻全是牙齿。孩子们也不害怕，把牙齿掏出来丢弃了。他们两个爬进空葫芦，发现葫芦正好可以容纳他们两人。

第三天，天色大变，大雨倾盆。原来是雷公回来报复了。勇士登上船，前往天庭与雷公作战。孩子们也钻进了葫芦。勇士作战不利，身亡。大水过后，大地上的人都死了，只有躲在葫芦里的两兄妹活了下来。这种大葫芦在古代，叫做匏。

汉代伏羲女娲画像石拓本

因为世上只有这对兄妹，长大以后，哥哥提出想和妹妹结婚。妹妹觉得羞耻，于是决定把命运托付给上天。他们爬上相对的两座高山，各放一把火，如果燃烧产生的烟雾交会在一起，他们就结为夫妻。结果烟雾交会了。妹妹又想出一个办法，两人隔河梳头，如果头发缠绕在一起，他们就结为夫妻。结果头发果然缠在了一起。最后妹妹决定，两人绕着一棵大树互相追赶，如果哥哥追上了妹妹，他们就结合在一起。哥哥追了很久，也没有追上，于是心生一计，突然反方向跑起来，这样，妹妹迎面投入了哥哥的怀抱。于是他们就结婚做了夫妇，成为人类共同的祖先。

这个神话可能与盘瓠生子的神话同源，在与华夏族神话融合之后，这对兄妹就成了伏羲和女娲。在汉代的画像砖上，经常有人面蛇身的伏羲和女娲缠绕在一起的形象。伏羲手里拿着曲尺，或者捧着太阳；女娲手里拿着圆规，或者捧着月亮。这些都可以看做是创世神形象。在华夏族的神话中还有另一个传说，说上古时代，华胥国有个叫华胥氏的姑娘，到一个叫雷泽的地方去游玩，偶尔看到了一个巨大的脚印，便好奇地踩了一下，于是就有了身孕，便降生了伏羲。可见，人类最初的神话，都有雷的痕迹，这可能与雷和降雨的联系有关。

创世神的出现，是人类追述和想象大洪水之前的世界的结果。在创世神创世之后，他们的后代，就开始在这片天地里生存了。

“羲皇上人”，出自陶潜《与子俨等疏》：“常言五六月中，北窗下卧，遇凉风暂至，自谓是羲皇上人。”

第二章，天下始成

惟王建国，辨方正位，体国经野，设官分职，以为民极。

——《周礼·天官冢宰》

一、巍巍昆仑

每个国家，最初都是以一个民族为主体而创立，之后逐渐融合吸收其他民族。最早建立中华文明的民族，就是汉族。但汉族并不是中华民族最初的本名。汉是一个朝代的名称，是两汉与匈奴互相交通之后，才有的名字；但这个名称所用日久，便约定俗成。现在中国人在外被称为“唐人”，也是因为唐朝的兴盛。再向上古推，有“诸夏”之称，这个“夏”字，有人说是族名自称，也有人说是因夏王朝而起，至今没有定论。比较能肯定的是，华族是我们现在能在文献里找到的最早的他族称呼我族的名称。《左传》里记述到：“我诸戎饮食衣服，不与华同。”

华族从何而来，具体踪迹已经不可考。根据神话传说与现存史料来看，华族最初的发祥地，应该在我国的西北一带，尤其与昆仑山有关。华族进入中原之后，在祭祀时仍然祭祀昆仑之神，可见昆仑确实是华族的发源地。那么昆仑究竟在什么地方呢？据《尔雅》记载，昆仑是黄河的源头。《史记·大宛列传》中说，黄河源于

昆仑山

昆仑。汉代的使者追溯黄河之源，认为出自新疆的于阗。东汉许慎的《说文解字》一书中也说，黄河水出自于敦煌塞外的昆仑山。那么，虽然不能说华族一定出自于新疆，但也可以看出，华族最初确实是起源于我国西北黄河流域的某座高山之下。

在古代传说中，中国西北几千万里的地方，有一个华胥国，是极乐世界。这个国家非常远，无论通过怎样的交通方式都无法到达，只能心向往之。那里的人民没有首领，也没有欲望和嗜好，一切与自然相契合，因此人民寿命都很长，生活美满快乐。这个华胥国，有可能就是华族最初所在的地域，这也符合在中国的西北之说。神话里所描写的这种状态，也正是人民蒙昧未开的原始状态。

在华胥国之后的神话体系中，出现了古代的至上神之一伏羲。据说在华胥国这片土地上，有一个叫做华胥氏的姑娘到东方的大沼泽雷泽去游玩，偶然看见湖边有一个巨人的脚印。她觉得非常奇怪，又有些好奇，就用自己的一只脚去踩了这巨人的足印。踩下去之后，就仿佛有了什么感应，后来就怀了孕，生下一个儿子，叫做伏羲。

另一个神话传说，偏近于历史叙事，讲述的主神是黄帝。黄帝也可以写为“皇帝”。“帝”本来指的就是上帝，“皇”是帝的形容词，形容帝的光辉伟大。黄帝在地上的帝都，就在昆仑山。在神话的昆仑山中，它共有九重，从山脚到山顶有一万一千里一百一十四步二尺六寸高。在它的下面环绕着弱水，弱水中羽毛也漂浮不起来。四周又环绕着火焰山，火焰山上有一种燃烧不尽的树，暴风雨也不能使火焰熄灭。火焰昼夜都在燃烧，发出灿烂的光辉，照耀得昆仑山山顶上黄帝的宫殿分外美丽庄严。

从以上两则神话也可以看出，汉族神话中的两个重要人物伏羲和黄帝，都与西北和昆仑山有密切关系。因此，虽然没有直接的证据，但这些蛛丝马迹也可以体现出华族最初的来历。

“巍巍昆仑”，形容昆仑山极高。《吕氏春秋·观世》：“登山者，处已高矣，左右视，尚巍巍焉山在其上。”

二、绝地天通

君主首要做的事情，是把权力更多地集中在自己手中。在神话体系的颛顼帝时期，人类从蒙昧状态发展到了君主统治。

颛顼，根据历史学家的分析，应该是荆楚地区的创世神，很有可能是屈原在《离骚》中所说的“帝高阳之苗裔兮”中的高阳氏。但在儒家的传说中，他被认为是黄帝的曾孙。他的出生地，在现在的巴蜀地区。可见颛顼确实极有可能是华夏族与南方的民族融合之后，将当地民族的创世神并入自身神话体系的产物。

颛顼作为五帝之一，当政后首先做的也是全部当政时期做的最重要的一件事就是派大神重和大神黎把人间与天上的通道切断了。古代文献里把这件事情叫做“绝地天通”。

相传在这之前，天和地虽然是分开的，但还有道路连接，各个地方都有天梯。虽然攀登不易，但通过努力，天上的神仙还是可以到人间来，地上的人也能通过天梯，到天上神仙居住的地方去。能在天梯上自由上下的，人间只有巫师，他们可以做下宣神旨、上达民情的工作。天梯有两种，一种是高大的山峰，一种是高大的树木。比较著名的天梯几乎都是人间的高峰，如昆仑山、肇山、登葆山等。通过攀登这些高山，都可以到达天庭神仙居住的地方。而树木只有一种，就是长在西南都广之野的建木。其他的如著名的扶桑、若木等，都没有被明确称之为天梯。

但是神界也有一些恶神来人间作乱。比较著名的就是蚩尤。蚩尤煽动南方的苗族跟从他作乱，杀死了很多普通百姓。这些被无辜杀掉的冤魂，就到天庭找黄帝诉冤。黄帝经过查证，发现确有此事，于是带领军队平定了人间的蚩尤之乱。可能因为这件事，黄帝有些疲倦，

清人所绘颛顼像

或者是黄帝已经老迈，他就让颛顼来做上帝。

颛顼当上上帝之后，认真思考了蚩尤之乱的教训。他觉得人神混杂，弊多利少，于是他命令他的孙子重和黎去把天地之间的道路阻断。这样，神和人都牺牲了自由，但宇宙秩序却更加稳定。重和黎分离天地的办法，有说是把高山铲平，把大树砍倒，也有说是一个把天托起来，一个把地按下去，拉大天地之间的距离。但不论怎样，天和地是分开了。从此，重负责看守天界，黎负责看守人间。黎后来生了一个儿子叫噎，他把守着大荒西极的日月山的吴姖天门，监督日月星辰的秩序。这样一来，神人分开，阴阳有序。

颛顼还给人间制定了礼法。他的礼法有明显的重男轻女的特征。一条礼法是，妇女在路上碰到男子，如果没有赶快让路，就要被拉到十字路口，让巫师作法，以除去妇女身上的晦气。颛顼还端正了结婚的风俗。当时有两兄妹结为夫妇，颛顼就把他们流放到崆峒山中，让他们饿死。这些都可以看做是父系氏族社会发展之后的产物。

绝地天通之后，只有君主才能解释上天的思想，他是唯一的天子。从这个故事中，我们能看到古代中国思想的发展历程。首先是天地相通的原始思想阶段，这个世界由一些杰出巫师来管理，民众没有自主意识。然后随着文明开化，几乎人人都是巫师，互相产生冲突，战争不断，蚩尤与黄帝的战争可能就是这种冲突的反映。然后进入绝地天通、政教合一的阶段，君主的集权加强，也制定了管理民众的礼法，以国家或集体的利益诉求来赋予个人生命的意义，垄断了思想的源头。

人民对颛顼帝这种做法，也是颇有意见的。在神话传说中，颛顼帝没有被后世的儒家赋予仁德的一面，他的子孙也没有什么好的结果。传说他有三个儿子，生下不久就夭折了。一个变成了疟鬼，专门传播疾病；一个变成了魍魉，最喜欢学人声迷惑人；还有一个变成了小儿鬼，专门在屋里吓唬小孩。在另一个传说中，颛顼还有两个儿子，一个叫梼杌，非常凶恶，还有一个叫瘦约，死后变成了俗谓的穷鬼。最好的两个子孙，一个叫穷蝉，是后世的灶神；还有一个玄孙彭祖，是历史上著名的长寿之人。这些就是颛顼帝的子孙们了。

“绝地天通”，出自《国语·楚语》：“颛顼受之，乃命南正重司天以属神，命火正黎司地以属民，使复旧常，无相侵渎，是谓绝地天通。”

知识窗五

《史记》是由西汉时期司马迁撰写的中国第一部纪传体通史。全书分十二本纪，十表，八书，三十世家，七十列传，共一百三十篇，记载了中国从传说中的黄帝到汉武帝太初四年长达三千年左右的历史。《史记》是中国传记文学的典范。《史记》最初没有书名，或称《太史公书》、《太史公传》，也省称《太史公》。“史记”本是古代史书的通称，从三国时期开始，“史记”由史书的通称逐渐演变成《太史公书》的专称。刘向等人认为此书“善序事理，辩而不华，质而不俚”。鲁迅称它为“史家之绝唱，无韵之《离骚》”。

三、大禹治水

上古时代，发生过一次遍布全球的大洪水。世界上很多民族，都有关于洪水的传说。西方神话里的传说，最著名的是诺亚方舟的故事；在中国，就是大禹治水。

禹是中国历史上非常有名的人物。在我国最早的历史文献之一的《诗经》中，除去记述商周的祖先外，还提到一个古人就是禹。禹是比他们的始祖还要古老的人。他实施了许多大工程，治理了茫茫的洪水，使得人类能在世界上居住。后来的神话里，不论创世的是盘古、伏羲还是尧，最后治水的都是禹。可见，禹的治水功绩是谁也抢不走的。关于禹的道德品行，各家所论不多，主要是强调他的勤劳。

在禹之前，负责治水的人是鲧。鲧是尧时期的人，治水治了九年，没有治好。治水失败，有人说是因为鲧胡作非为，性情不好；也有人说是因为方法错误，一味堵塞，导致洪水愈涨愈高；还有的说鲧是自行窃取了上帝的“息壤”去治水。息壤是一种不断增长的土壤。结果，鲧没有把洪水治理好，还被上帝发现了他的偷盗行径，就被上帝处死在羽山。

接下来治水的就是禹。也有传说说禹是鲧的儿子。禹从舜帝手里接受治水的任务后，改革治水方法。他利用水往低处流的自然趋势，以引导河流进入大海为根本目的。他亲自率领百姓风餐露宿，带着尺、绳等测量工具，把中国的主要山脉、河流进行了一番严密的考察。他整天泡在泥水里疏通河道，把平地的积水导入江河，再引入海洋。在治水的过程中，他小腿肚子上的汗毛都被磨

大禹治水雕塑

光了，脚指甲也因长期泡在水里而脱落。

在黄河的主流流域，他开通了岍山和岐山的水道，到达荆山。然后他越过黄河，又开通壶口山和雷首山的峡谷，到达太岳山。他治理了砥柱山、析城山，到达王屋山。又经过太行山、恒山，到达碣石山，从这里开出一条道路，使河流沿着这条路进入渤海。在支流流域，他开通了西倾山、朱圉山、鸟鼠山到达太华山的水道，又开通了熊耳山、外方山、桐柏山到达陪尾山的水道。他引导开通嶓冢山的水道与荆山水道相连，又开通了内方山到达大别山的水道。他把岷山南面的水道引至衡山，经过九江到达敷浅原。

他引导弱水走合黎山的水道，使它余波流向居延泽流沙中；又疏通黑水通往三危山的水道，使它流入南海；疏导黄河，使它从积石山流往龙门山，再向南到达华山的北面，再向东到达砥柱山、孟津；又向东使洛水与黄河汇合，到达大伾山，然后向北经过降水，到达大陆泽，又向北，分成九条支流，进入大海。他从嶓冢山开始疏导漾水，向东流汇入汉水；又向东流，汇入沧浪水；经过三澨，到达大别山，向南流进长江。东方的水系在彭蠡泽汇合；向东的江水，称为北江，最终流进大海。他又从岷江开始疏导长江，向东另外分出一条支流称为沱

大禹刻石

江；又向东使澧水与长江汇合；经过九江一带，到达东陵；再向东斜行向北，与淮河汇合；再向东的江水称为中江，流进大海。他又疏导沇水向东流，这段被称为济水，又流入黄河，河水溢出成为荥泽；河水又从定陶的北面向东流，再向东到达菏泽；又向东北，与汶水汇合；再向北，转向东，流入大海。他从桐柏山开始疏导淮河，向东与泗水、沂水汇合，向东流进大海。从鸟鼠山开始疏导渭水，向东与沣水汇合，又向东与泾水汇合；又向东汇合漆水和沮水，流入黄河。他从熊耳山开始疏导洛水，向东北与涧水、瀍水汇合；又向东，与伊水汇合；又向东北，流入黄河。

最终经过了多年治理，大禹终于取得了成功，消除了中原洪水泛滥的灾祸。他给舜帝汇报时说："大水与天相接，浩浩荡荡。它包围了大山，淹没了山丘，民众也被大水吞没。我乘坐着四种不同的交通工具，顺着山路前行，中途砍削树木作为路标，和伯益一起把刚猎获的鸟兽送给民众。我疏通了九州的河流，使大水流进四海，还疏通了田间小沟，使田里的水都流进大河。我和后稷一起播种粮食，为民众提供谷物和肉食。我还发展贸易，互通有无，使民众安定下来，各个诸侯国都得到了治理。" 大禹整治黄河水患有功，舜提前向上天推荐了他，令他成为继承人。舜死后，禹接受舜的禅让继承了帝位。

禹，其实是大洪水之后，第一个可信的人类英雄。在他之前的三皇五帝，基本都是后人附会的神话人物。

“大禹治水”，同样记载众多。如《庄子·天下》：“昔者，禹之湮洪水、决江河而通四夷九州也，名川三百。”

四、后羿射日

羿，又被称为后羿，也是神话传说中的重要人物。他为中国先民在这片土地上的生存，也作出了极大的贡献。关于羿，有神性的一面，也有人性的一面。

后羿在最开始的传说里，是一个大神，是帝俊的手下，擅长射箭。相传尧之时，天上出现了十个太阳，这是帝俊的儿子们在作乱。于是帝俊派后羿来到人间，教训他的儿子们。结果羿一来，就用箭射死了九个，于是触怒了帝俊，不能再回到天上。这才有了“嫦娥奔月”、“逢蒙杀羿”等一系列故事。

但是在《淮南子》的记载里,后羿似乎又成了尧的手下。《淮南子》的记载，集中突出了后羿为人类在这片大地上生存所作的贡献。传说在帝尧的时候，天上同时出现了十个太阳，把庄稼都烤焦了，草木也不生长了，人们没有吃的。同时，猰貐、凿齿、九婴、大风、封豨、修蛇这些怪兽也出来作乱,残害人民。尧便派羿去处理这些事情。

凿齿，其实也是人，有五六尺高，只是牙齿形状像凿子，非常锋利。羿决定先去杀了它。羿与凿齿在畴华之野大战，羿用弓箭，凿齿持盾，用牙齿攻击。羿拉弓上弦发箭，巧妙地绕过了凿齿的盾牌，射杀了凿齿。九婴，是能驾驭水和火的妖怪，经常给人们带来灾害。羿在凶水这条河上杀了它。大风，是一只大鸟，它能用翼刮起狂风，吹走人们居住的房子。羿在青丘之泽缴获了大风。然后羿又射掉了九个太阳，气候稳定下来。稳定气候之后，羿又去除怪。猰貐，是像豹子一类的怪物，但是爪子像虎爪，也有说它是人面马足，它的声音像婴儿，经常吃人。羿也杀了它。修蛇，是一条非常长的大蛇，羿在洞庭将它斩成两段。封豨，是一只大野猪，羿在桑林射杀了它。

沈阳造币厂于 2009 年发行的后羿射日大铜章

这样天下安定了，百姓都非常高兴，于是拥立尧做了天子。

我们看到，羿的行为，是把全国各地的猛兽除去了，甚至可能还有观象授时的行为。羿作出了如此大的贡献，最后却是尧成了天子，令人觉得可疑。根据其他文献的记载，我们发现，羿这个部落，曾做过一些坏事。还是从封豨说起。据说之前有一个有仍氏的部落，部落里有个女孩，长得很黑，但是非常美，叫做玄妻。当时的乐正后夔娶了她，生了一个儿子叫伯封。伯封，看着像个人样，实际上有一颗猪心，贪得无厌，还好发脾气，大家都叫他封豕。有穷氏后羿，喜欢玄妻，就趁机把后夔这个国家灭掉了，夔就绝祀了。这件事与后来后羿的一则神话也密切相关。宓妃，就是后来的洛神，是水神河伯的妻子，但后羿和她却有着不清不楚的关系。河伯听到这些传言，就化为白龙，想亲自侦查一下。羿一箭就把他的左眼射瞎了。于是河伯去向天帝诉苦。但天帝袒护了羿，训斥河伯："谁让你不在水国里安心居住！龙不过是水族动物，当然会被人射，羿并没有罪过。"羿的部落可能因为这种事，没有当上天下共主。后来嫦娥奔月，神话中的羿也没有得到婚姻的幸福，说不定就是人们在讽刺羿。

夏朝建立之后，启的儿子，也就是禹的孙子太康当上了帝。太康耽于玩乐，不理政事。后羿趁夏朝统治力量衰弱，攻占了夏朝的土地，驱逐了太康，统治了夏朝的人民。后羿仗着自己善于射箭，武艺高强，也不修民事。后羿还不敢自立为王，便另立太康的兄弟仲康当夏王，把实权抓在自己手里。仲康死后，又立仲康的儿子相为帝。后羿重用了寒浞。这个寒浞，本是伯明氏的纨绔子弟，被伯明氏驱逐后，他却得到羿的重用，并被任命为宰相。结果寒浞瞒着后羿，收罗党羽。一次后羿打猎回来，寒浞派人把后羿杀了。寒浞又把相杀了，自己做了国君。后来相的儿子少康，借助有虞氏的力量，杀死了寒浞，夏朝才又复国。在神话里，后羿还有一个徒弟叫逄蒙，后羿教他射箭，他却杀死了后羿，这可能反映的就是这段历史。

不管怎么说，以后羿为首的有穷氏，在中华民族最初的发展中，作出过突出的贡献。但后来又因为他们躺在功劳簿上，骄奢淫逸，被人民抛弃了。

“后羿射日”，语出《淮南子·本经训》：“尧之时，十日并出。焦禾稼，杀草木，而民无所食……尧乃使羿……上射十日而下杀猰貐。”

五、禹贡九州

《禹贡》是《尚书》中的一篇，是目前中国古代现存文献中最古老和最有系统性地理观念的著作。《禹贡》长期以来一直被认为是大禹治水之后，勾勒全国土地的成果。但最新的研究认为，《禹贡》成书于公元前5世纪前后，即春秋末期到战国初期，基本上是依据孔子时期所了解的地理范围和地理知识编写而成的。这也有可能是当时西周王官之学下移的结果。我们来看一看最早的地理记录。

话说大禹治水完毕之后，开始分别土地的疆界，以高山大河奠定界域，划定了天下九州。同时，禹辨别各州的山川、湖泽、土壤、植被、特产、田赋和运输路线等，首次对天下进行了系统的组织管理。

禹从黄河的壶口开始施工，接着治理梁山和它的支脉沿线。附近大平原治理好了以后，又治理到太岳山的南面。他在覃怀一带的治理取得了成效，又治理了流入黄河的衡漳水。那里的土是白壤，收成非常好，因此定赋税为第一等，但也夹杂着第二等，那里的田地定为第五等。最终恒水、卫水已经顺着河道而流，沼泽也已治理好了。东方的岛夷来进贡之时，从东边的碣石山，再进入黄河。这块地界便是冀州。

在济水与黄河之间的土地是兖州。禹把黄河下游的九条支流都疏通了，潍水和沮水汇合流进了雷夏泽。人们也在洪水之后从山丘上搬下来住在平地上，开始植桑养蚕。那里的土质又黑又肥，水草也十分茂盛，树也是高大的。禹把那里的田地定为第六等，因为受水患非常严重，因此赋税定为第六等。直到休养生息十三年后，赋税等级才与其他八个州相同。那里的贡物是漆、丝和彩色的绸缎。进贡的船只从济水、漯水开出，然后到达黄河。

在渤海和泰山之间的土地是青州。禹把现在山东东部滨海地区治理好以后，潍水和淄水就被疏通了。那里的土又白又肥，海边有一片广大的盐碱地。禹把那里的土地定为第三等，赋税是第四等。青州进贡的物品是盐、细葛布、各种各样的海产品，还有岱谷的丝、麻、锡、松和奇特形状的石头。莱夷在附近一带放牧，他们进贡的物品是用筐装的柞丝。进贡的船只经过汶水到达济水。

黄海、泰山及淮河之间的土地是徐州。淮河和沂水治理好以后，蒙山、羽山一带的土地已经可以种植了，附近的大野泽聚集着河水，东边的平原地方也获得治理。那里的土是红色的，又黏又肥，草木茂盛。禹把那里的田定为第二等，赋税是第五等。那里的贡品是五色土、羽山山谷的大山鸡、峄山南面的特产桐木和泗水边上的可以做磬的石头。附近的淮夷进贡珍珠、鱼、黑色的绸和白色的绢。进贡的船只通过淮河、泗水，进入黄河。

淮河附近的土地，一直到黄海是扬州。彭蠡泽已经汇集了深水，震泽也恢复了安定，三条江水已经流入大海。那里的草很茂盛，那里的树很高大，同时遍布着竹林。那里的土地是潮湿的泥。禹把那里的田地定为第九等，那里的赋税是第七等，也有第六等的情况。那里的贡品是金、银、铜、美玉、美石、小竹、大竹、象牙、犀皮、鸟的羽毛、旄牛尾和木材。东南沿海各岛的夷人都穿着草编的衣服，把贝锦和橘柚作为贡品。进贡的船只沿着长江、黄海到达淮河、泗水。

从荆山到衡山的南面的土地是荆州。长江和汉水已经顺利奔向海洋，江南的水系恢复了平稳。沱水和潜水疏通以后，云梦泽一带已经可以耕作了。那里的土地也只是潮湿的泥，禹把那里的田定为第八等，那里的赋税是第三等。那里的贡物是羽毛、旄牛尾、象牙、犀皮和金、银、铜、柏树、粗磨石、细磨石、造箭镞的石头、丹砂、美竹和楛木。附近的三个蛮国进贡他们的名产，是杨梅、菁茅、彩色丝绸和一串串的珍珠，同时还有大龟。这些贡品经过长江、沱水、潜水、汉水，到达汉水上游，改走陆路到洛水，再到南河。

荆山和黄河之间是豫州。伊水、瀍水和涧水都已流入洛水，又流入黄河，荥泽已经聚集了大量积水。菏泽被疏通，孟猪泽附近筑起了堤防。那里的土是柔软的壤地，低地的土是肥沃的黑色硬土。禹把那里的田定为第

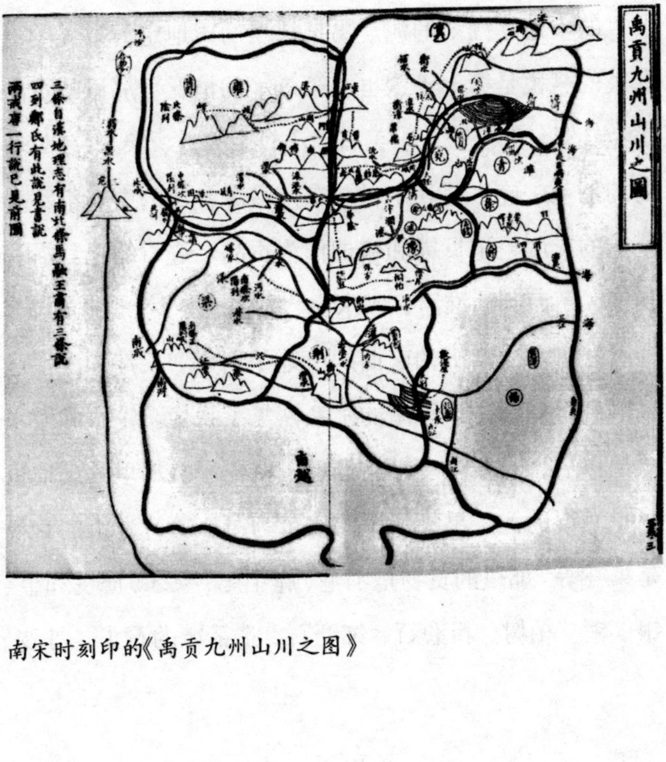

南宋时刻印的《禹贡九州山川之图》

四等，那里的赋税是第二等，也有第一等的情况。那里的贡物是漆、麻、细葛、苎麻、绸和细绵，也进贡制造磬的石头。进贡的船只从洛水出发，到达黄河。

从华山南部到四川的黑水之间的土地是梁州。岷山、嶓冢山、蔡山和蒙山附近的土地都得到了治理，四川盆地水系得到了疏通，和夷一带也取得了很好的治理。那里的土地是疏松的黑土。禹把那里的田定为第七等，那里的赋税是第八等，也杂有第七等和第九等。那里的贡物是美玉、铁、银、钢铁、做箭镞的石头、磬、熊、狐狸、野猫等。进贡的船只从桓水而来，经过潜水，然后离船上岸陆行，再进入沔水，进到渭水，最后通过渭水到达黄河。

从黑水到黄河以西一带的土地是雍州。弱水已经被疏通流向西方，泾水也流入了渭水，漆水和沮水已经汇合渭水流入黄河，沣水也向北流与渭河汇合。荆山、岐山、终南山、惇物山一直到鸟鼠山的土地都得到了治理。原隰的治理取得了成效，至于猪野泽也得到了治理。三危山已经可以居住，三苗就安定了。那里的土是黄色的。禹把那里的田定为第一等，那里的赋税是第六等。那里的贡物是美玉、美石和珠宝。进贡的船只从积石山附近的黄河出发，经龙门、西河，与从渭河逆流而上的船只会合在渭河以北。附近的外族人民定居在昆仑、析支、渠搜三座山下，西戎各族就安定顺从了。

冀州、兖州、青州、徐州、扬州、荆州、豫州、梁州和雍州就是传说中大禹设立的九州。后来九州州名在不同的文献里有所变化，但“九州”作为中国的别称却长久地流传了下来。

“禹贡九州”，语出《尚书·禹贡》：“冀州”，“济、河惟兖州”，“海、岱惟青州”，“海、岱及淮惟徐州”，“淮、海惟扬州”，“荆及衡阳惟荆州”，“荆、河惟豫州”，“华阳、黑水惟梁州”，“黑水、西河惟雍州”。

六、弼成五服

中国人认为自己的国度处于“天下之中”，同时认为“普天之下，莫非王土”。这种观念在晚清以来，被嘲笑很久，被认为是非常愚昧的表现。但实际上，这确实是我国古代人民所认识的世界形态，在《禹贡》里也有记载。这就是五服制度。

大禹治水完毕之后，把华夏族安排在九州居住。九州的中央就是国都地区。禹把中央之国赏赐给以德行为先、又不违抗禹的统治的诸侯。把国都之外东西南北五百里的地方，叫做甸服。禹分别确定他们应缴纳的物产，离国都最近的一百里的诸侯缴纳连秆的禾；二百里的，缴纳禾穗；三百里的，缴纳带稃皮的谷；四百里的，缴纳粗米；五百里的，缴纳精米。甸服以外五百里是侯服。离甸服最近的一百里的民众替天子服差役；二百里的，担任国家的差役；三百里到五百里的，担任侦察工作。侯服以外五百里是绥服，一百里到三百里的，考虑推行天子的政教；三百里到五百里的，让他们奋扬武威保卫天子。绥服以外五百里是要服，一百里到三百里的，约定和平相处；三百里到五百里的，约定遵守盟约。要服以外五百里是荒服，一百里到三百里的，维持隶属关系；三百里到五百里的，因为他们经常流动，所以不定期进贡。这样，东方到大海，西方到达沙漠，包括北方、南方外族居住的地方，都在禹推行的教化之下。

这种情况，与古代人民的迁徙生活有关。他们先开拓出一片土地来，由统治者居住；然后以这片土地为中心，慢慢向外迁徙。越向外，环境越复杂，但同时受王都的限制也越小。最初，大家都在王都的附近，后来随着不断开垦，全国各地虽都分封了诸侯国，这种思想却流传了下来。

之后流传最多的，还有《周礼·夏官司马》记载的九服：

王畿：京都四周方千里。

侯服：王畿外方五百里。

甸服：侯服外方五百里。

男服：甸服外方五百里。

采服：男服外方五百里。

卫服：采服外方五百里。

蛮服：卫服外方五百里。

夷服：蛮服外方五百里。

镇服：夷服外方五百里。

藩服：镇服外方五百里。

有人试图据此来计算中国古代的疆域，但实际上是做不到的。因为中国古代的数字，大多是个约数。这种畿服制度，发展到后来，就成了册封制度、羁縻制度和朝贡制度。这都是随着地域的扩大，周边国家实力的增强衍化出的新制度。册封制度，就是说各少数民族政权需要主动承认中原政权的共主地位，并凭借中央政权的册封取得统治的合法性。这项制度从汉朝就已开始，现在留下来的文物有汉帝册封给滇国的滇王金印等。羁縻制度，主要针对少数民族，通过政治军事控制和经济利益抚慰双重方式,使少数民族政权认同中央政权的统治,并让他们保卫中国周边的安定。这种做法在唐朝实行得最好，唐太宗被尊为“天可汗”。同时，唐太宗也更普遍封赐各内属的少数民族首领官职，设立羁縻州、县。到了明清时期，朝贡制度形成，周围的小国向中国进贡礼品，中国皇帝以更好的物品回赠给他们。这项制度到了后来也让中国不堪重负，于是中国皇帝规定了每个国家朝贡的频率。关系好的，比如朝鲜、越南，可以一年来一次，其他的就隔几年来一次。这种朝贡制度，实际上是一种贸易往来。尤其是明朝中后期的海禁政策，使得朝贡几乎成为这些国家同中国进行贸易往来的唯一途径。

可以看出，不论制度怎么变化，最终都没有脱离畿服制度的影子。中国始终认为自己是天下共主。这也使我们不难理解，为何到了近代，我们在被西方国家入侵后，我们的官员和百姓有种天崩地裂的感觉。因为，延续了几千年的“天下”观，在短短几十年内，迅速崩塌了。面对新世界，我们都需要一个艰难的适应过程。

“弼成五服”，语出《尚书·益稷》：“弼成五服，至于五千。”

七、气冲牛斗

阴阳思想是中国早期哲学最重要的思想。天为阳，地为阴。天上有的东西，在地上也能反映出来。因此，中国古代占星家认为，某部分天区如果出现了不寻常的天象，那么这一定意味着与这一天区对应的某一地域将有大事发生。这种将天上的星空区域与地上的国、州互相对应的观念，就是“分野”。

最早的分野雏形出现在《吕氏春秋》一书中。此书记载：“天有九野，地有九州。什么是九野？中央的天区叫做钧天，对应角、亢、氐三宿；东方的天区叫苍天，对应房、心、尾三宿；东北的天区叫做变天，对应箕、斗、牛三宿；北方的天区叫做玄天，对应女、虚、危、室四宿；西北的天区叫做幽天，对应壁、奎、娄三宿；西方的天区叫做颢天，对应胃、昴、毕三宿；西南的天区叫做朱天，对应觜、参、井三宿；南方的天区叫做炎天，对应鬼、柳、星三宿；东南的天区叫做阳天，对应张、翼、轸三宿。什么是九州？黄河和汉水之间是豫州，是周国的土地；被黄河夹在中间的是冀州，是晋国的土地；黄河和济水之间是兖州，是卫国的土地；东方是青州，是齐国的土地；泗水流域是徐州，是鲁国的土地；东南是扬州，是越国的土地；南方是荆州，是楚国的土地；西方是雍州，是秦国的土地。”

这里可以看出，《吕氏春秋》虽然提出了“九野”、“九州”，却没有把它们一一对应。后来，《史记·天官书》终于把它们对应起来了，但对应的却是汉代的十三州，不是禹贡的九州。再后来，随着行政区划的变化，虽然大体上有对应，但仍然是混乱的。

除二十八宿对应的分野外，中国还有十二星次分野。前面我们提到过“月建”，其中说到中国古人把天区分成了十二份，对应十二个月。这十二个天区，分别有名字，是星纪、玄枵、娵訾、降娄、大梁、实沈、鹑首、鹑火、鹑尾、寿星、大火、析木。这就是十二星次。它们对应着二十八宿。十二星次的分野，最早出现在东汉郑玄的《周礼》注里。

十二星次，与十二地支、二十八宿、分野对应的情况如下：

十二星次	十二地支	二十八宿	分野
星纪	丑	斗、牛	吴、越
玄枵	子	女、虚、危	齐
娵訾	亥	室、壁	卫
降娄	戌	奎、娄	鲁
大梁	酉	胃、昴、毕	赵
实沈	申	觜、参	晋
鹑首	未	井、鬼	秦
鹑火	午	柳、星、张	周
鹑尾	巳	翼、轸	楚
寿星	辰	角、亢	郑
大火	卯	氐、房、心	宋
析木	寅	尾、箕	燕

这些现象都显示，分野在出现的时刻就已经比较混乱了。

王勃《滕王阁序》的开头，特别体现了分野体系。王勃，唐代文学家，与杨炯、卢照邻、骆宾王齐名，世称“初唐四杰”。王勃是“初唐四杰”之首。据《唐摭言》记载，某一年秋天，王勃前往交趾看望父亲，经过南昌时，正赶上都督阎伯屿新修滕王阁成，在此大宴宾客。王勃前往拜见。阎都督听闻他的名气，便请他也参加宴会。但阎都督此次宴客，是为了向大家夸耀女婿吴子章的才学。他提前让女婿写好一篇序文，在席间当作即兴所作，书写给大家看。在宴会上，阎都督让人拿出纸笔，假意请诸人为这次盛会作序。大家知道他的用意，所以都推辞不写。而王勃并不知道，他也自负才气，竟不推辞，接过纸笔，顷刻而就，文不加点，满座大惊。

《滕王阁序》的开头，是这样写的："南昌故郡，洪都新府。星分翼轸，地接衡庐。襟三江而带五湖，控蛮荆而引瓯越。物华天宝，龙光射牛斗之墟；人杰地灵，徐孺下陈蕃之榻。雄州雾列，俊彩星驰。"这里的"翼、轸"和"牛、斗"，都曾在不同的分野体系里，对应现在南昌这一带的土地。顺便八卦一句，周星驰的名字就出于此句。

"气冲牛斗"，也是一个有名的典故。据说西晋有个博学多才的人叫做张华。当初东吴未被灭国时，斗宿与牛宿之间常有紫气出现。这两宿对应吴地，相信道术的人都认为这象征吴的强大，但张华不以为然。晋灭吴之后，斗、牛之间的紫气更加明显。张华听说豫章人雷焕精通谶纬天象，就邀请雷焕一起研究天象。于是二人登楼仰观天象。雷焕说："我观察很久了，斗宿、牛宿之间，很有异常之气。"张华问："这是怎样的吉兆呢？"雷焕说："这是宝剑的精气，贯穿天地。"张华说："你说得对。"又问道："剑在哪个郡？"雷焕说："在豫

江西南昌滕王阁

章丰城。”张华就派雷焕前往丰城偷偷地找宝剑。雷焕果然在地下找到两把宝剑，一把叫做龙泉，一把叫做太阿。宝剑出土以后，天上的异象也消失了。

“气冲牛斗”，出自唐崔融《咏宝剑》：“匣气冲牛斗，山形转辘轳。”

知识窗六

天干地支，简称“干支”。在中国古代的历法中，甲、乙、丙、丁、戊、己、庚、辛、壬、癸被称为“十天干”，子、丑、寅、卯、辰、巳、午、未、申、酉、戌、亥被称为“十二地支”。十干和十二支依次相配，组成六十个基本单位。两者按固定的顺序互相配合，组成了干支纪法。从殷墟出土的甲骨文来看，天干地支在我国古代主要用于纪日。此外还曾用来纪月、纪年、纪时等。

八、问鼎中原

相传大禹治水成功，把天下划分为九州。他坐上王位之后，利用九州的贡品，铸造了九个极大的宝鼎。九鼎非常重，有人说每一个都要九万人才能拉动。鼎上绘着九州的山川河流、风土人情以及妖魔鬼怪、猛兽蛇虫等。这样人民一看到鼎上的图像，就能知道哪些地方有危险需要注意，以便日后出门旅行，事先有个防备。也有人说，这是最原始的地图。开始的时候，人们只是把自己走过的、听过的山脉、河流、道路、草木、鸟兽等画成图像，再加上了方位和位置，使看图人能够看懂这些地理要素的分布情况。后来就形成了最原始的地图。再后来，因为这九鼎之上有九州，也就是全国的山川图形，九鼎就化身为至高权力的象征。谁获得了九鼎，就意味着谁取得了天下共主的地位。夏灭亡后，商把九鼎从夏都运到商都。武王灭商后，又把九鼎迁到洛阳。

“问鼎中原”的故事，发生在春秋时期。春秋时，楚国著名的霸主楚庄王，借着攻打现在河南一带的异族陆浑之戎的机会，乘机到达洛水，在东周王城洛阳附近陈兵示威。当时的周天子定王内心忐忑不安，就派王孙满以慰劳楚国军队的名义，前去见楚庄王，以弄清楚庄王的真实意图。

楚庄王见到王孙满，就直截了当地问他九鼎究竟有多大、有多重。这显然是想代替周天子的地位。王孙满说："鼎的大小轻重，不在于鼎的本身，而在于德行。以前夏王朝有德行的时候，远方的地区把当地的山川物产绘成图像，九州的长官进贡青铜，禹在此基础上铸造了九鼎，并把这些图像都刻在九鼎之上，使百姓都能辨别神鬼和凶兽。所以人民途经河流、湖泽，进入山脉、森林，都不会碰到不顺利的情况。像魑魅魍魉这样的小鬼，都不会遇上。因而能使上下和谐，又能承受上天的保佑。

西周大盂鼎

而到了夏桀，昏庸残暴，失去了德行，因此鼎迁到了商都，被商朝人祭祀了六百年。商纣又不应天德，因此鼎又被周朝的王获得。如果德行美善光明，那么即使鼎是小的，也是重的；如果奸邪混乱，不施德化，即使鼎是大的，也是轻的。上天保佑有德的王朝，终究也有个期限。周成王把鼎放在洛阳的时候，进行过一次占卜，上天预告周王朝能享国七百年。这是上天的命令。现在周朝的德行虽然有所衰减，但天命并没有结束。因此，鼎的轻重，并不是您可以询问的。”后来楚王就把军队撤走了。“问鼎”也就成为了想争取王权的代名词。

直到战国末年，秦国昭襄王攻陷了洛阳，才把九个宝鼎掠回秦国。但是走到中途，其中一个鼎竟然腾空飞了起来，飞到现在山东省和江苏省境内的泗水，再也没有被人找到。于是九鼎就变成了八鼎。再后来，其余的八个也下落不明了。秦始皇统一中国后，派人捞泗水里的鼎，也没有找到。后来的汉代人，因为憎恶秦始皇，在画像石上画了这样一幅画面：宝鼎已经被找到并捞上来了，但鼎里突然钻出一条龙，伸头把绳子咬断了，鼎又沉入了水底。这是因为，鼎已经成为了王权的象征，汉代人讽刺秦始皇看上去得到了王权，但其实只是摸到个边儿，很快又失去了王权。

泗水捞鼎画像石拓片

“问鼎中原”，出自《左传·宣公三年》：“楚子伐陆浑之戎，遂至于洛，观兵于周疆。定王使王孙满劳楚子，楚子问鼎之大小轻重焉。”

知识窗七

春秋时期，周天子失去了往日的权威，反而依附于强大的诸侯。一些强大的诸侯国为了争夺霸权，互相征战，争做霸主，先后称霸的五个诸侯被称为“春秋五霸”。春秋五霸说法众多。目前主流观点认为是指齐桓公、宋襄公、晋文公、秦穆公和楚庄王，此说见于《史记》。此外还有齐桓公，晋文公，楚庄王，郑庄公，宋襄公；齐桓公，晋文公，秦穆公，楚庄王，宋襄公；齐桓公，晋文公，楚庄王，吴王夫差，越王勾践等说法。

九、体国经野

夏商时期的行政统治，现在已经不太好考证，大概是多国并存，尊夏国和商国为共主。周武王灭商后，在宗法制的基础上，创设了新的行政制度，即封邦建国的封建体制。在经济制度上，创建了井田制。

西周的封建，实际上是一种侵略性的武装移民。周天子把他的亲族，分派到全国的各个地方。他们带着一部分周民族，建立一个新的根据地，实际上就是新的诸侯国。诸侯国除了几个开国功臣是外族外，基本上都是周王族自己人。这个诸侯国统治着在当地生活的原来属于不同国家的人民。根据地里的周民族，称为国人；根据地外的，称为野人。随着诸侯国不断发展，民族渐渐融合，分隔没有这么明晰了。这种分封，有很大的好处。首先，诸侯必须服从周天子的命令，诸侯有为周天子镇守疆土、随从作战、交纳贡赋和朝觐述职的义务；其次，国家可以以点带面地快速发展。原本分属于多个民族的中国，现在越发成为一体了。

在周初，武王伐纣之后，周民族的实力并不能吞并

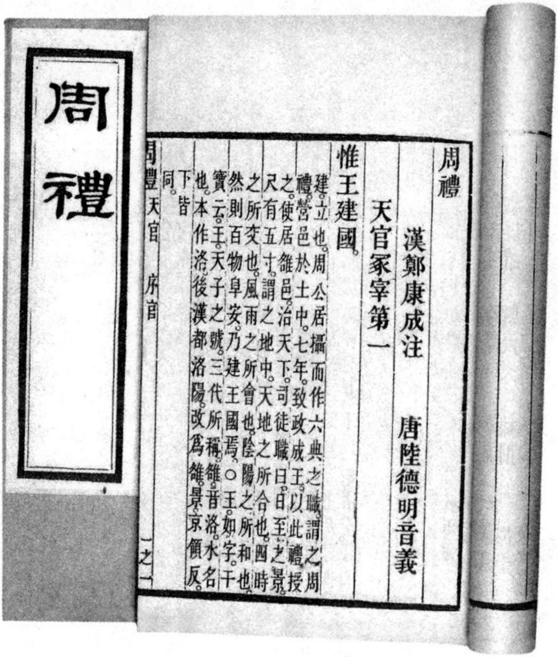

周禮

周禮

漢鄭康成注　唐陸德明音義

天官冢宰第一

惟王建國。

建立也。周公居攝而作六典之職。謂之周禮。營邑於土中。七年。致政成王。以此禮授之。使居雒邑。治天下。司徒職曰。日至之景。尺有五寸。謂之地中。天地之所合也。四時之所交也。風雨之所會也。陰陽之所和也。然則百物阜安。乃建王國焉。○王如字。干寶云。王。天子之號。三代所稱。雒音洛。水名也。本作洛。後漢都洛陽。改爲雒。景。京領反。下皆同。

周禮　天官　序官　一之一

《周礼》书影

全部的东方势力，所以武王仍封纣的儿子武庚为诸侯，统治商朝原来的人民。但他同时在附近又封了三个诸侯国，以他的弟弟管叔、霍叔、蔡叔为诸侯王，监督武庚，是为“三监”。又在东方封了鲁、燕、齐等几个重要的诸侯国。武王死后，周公摄政，三监协同武庚叛乱，整个东方商朝的旧势力又蜂拥而起。周公进行第二次东征，历经多年，平定了东方叛乱。这时，周公在洛阳建立成周城，又进行第二次大分封。这次分封，除将原来分封的一些诸侯国范围东迁，以加强周王朝对东方的统治外，又在重要的交通线和战略要地上分封了一些诸侯国，比如晋国等。同时封商朝后裔于宋，但宋国土地上没有天险可守，周围又都是周民族的封国，彻底断绝了商遗民再次作乱的可能性。周王朝之后的封建，向两方面发展。其一是出潼关，向现在的河洛一带发展；其二是出武关，向现在的汉水流域发展。全国渐渐成为周民族的统治区域之后，华夷之分就明显起来。所以春秋时期，五霸打的都是“尊王攘夷”的旗号。

周王室除了分封自己的民族外，还找到了夏王室，即大禹的后裔，把他们封在杞国；同时把商的后裔封在宋国。这其实是表示对两个王朝的尊敬。但时间久了，再加上周民族的胜利者心态，周人就经常嘲笑这两个国家的人，把他们当成笑话的主角。比较有名的两个故事，是“杞人忧天”和“守株待兔”。

杞人忧天，出自《列子》。故事是说，杞国有个人，因为担忧天会塌下来，地会陷下去，自己将无处存身，便整天睡不好觉，吃不下饭，什么事也不做。这时有个人，担心这个杞国人的状况，就去开导他，说：“天，气体积聚成的罢了，没有哪个地方是没有空气的。你一举一动，一呼一吸，整天都在天空里活动，怎么还担心天会塌下来呢？”杞国人说：“天如果只是气体，那日月星辰不就会掉下来了吗？砸到我也是个大麻烦啊。”开导他的人又说：“日月星辰，只是会发光的气体聚在一起罢了，即使掉下来，也不会伤到你。”那个人又说：“如果地陷下呢？我还是会完蛋的。”开导他的人说：“地不过是堆积的土块罢了，土块填满了四处空虚的地方，没有什么地方是没有土块的。你行走跳跃，整天都在地上活动，怎么还担心地会陷下去呢？”经过这个人耐心地开导，那个杞国人放心了，很高兴；开导他的人也放心了。

守株待兔，出自《韩非子》。说的是宋国有个农夫，他的田地里有一截树桩。有一天，有一只野兔突然就撞到了树桩上，撞折了脖子，死了。农夫白捡了一只兔子，很高兴。从此以后，农夫就不种地了，一天到晚守在树桩附近，等着继续来送死的兔子。结果再也没有等到，他也成了大家嘲笑的对象。这是韩非子为变法设计的一则寓言，说的是不能用过去的治国方略治理现在的百姓。这个故事可能影射了春秋时的宋襄公。

春秋时期，宋襄公与楚军在泓水作战。宋军已摆好了阵势，楚军还没有全部渡过泓水。宋国大臣子鱼对宋襄公说："对方人多而我们人少，趁着他们还没有全部渡过泓水，我们赶紧进攻。"宋襄公说："不行。"楚国的军队已经全部渡过泓水，但还没有摆好阵势，子鱼又建议宋襄公下令进攻。宋襄公还是回答说："不行。"等楚军摆好了阵势以后，宋军才去进攻楚军，结果宋军大败。宋襄公大腿受了伤，他的护卫官也被杀死了。宋国人都责备宋襄公。宋襄公却说："有道德的人在战斗中，只要敌人已经负伤就不再去杀伤他，也不俘虏头发已经斑白的敌人。古时候指挥战斗，不会凭借地势的险要。我虽然是已经亡了国的商朝的后代，却不能去进攻没有摆好阵势的敌人。"宋襄公一味追求商朝时的礼法，却看不到当时已是春秋时代，大家都以军力争高低。楚国在当时也被视作蛮夷，不遵守中原礼法。而且最重要的是，战争一旦开始，跟其他情况就不同，你不杀死敌人，就会被敌人杀死。宋襄公就是不懂变通的代表。

后来，中国的地方行政制度虽然变成了郡县制，但分封制也一直保存下来。直到明朝，还有在外的蕃王。

井田制，出自《孟子》。书中说："每一平方里是一井，一井有九百亩田，由八家供养。中间的为公田，其他八家各领百亩私田，一同供养公田。干农活时，公田的事情做完了，才能做私田里的农活。"这种看上去很理想的井田制，已经考证不清了。它留下的遗存，远远不如分封制。有一个成语叫"背井离乡"，其中的井不是水井，而是这里提到的井田。井和乡，实际上都是指家乡。

"体国经野"，出自《周礼·天官冢宰》："惟王建国，辨方正位，体国经野，设官分职，以为民极。"

十、虚左以待

虚左以待讲的是古代君主礼贤下士的故事。当封建王朝还没有走到君主专制的明清之际，国家是由皇帝和士大夫共同治理的。对士大夫尤其是世家大族的礼待，是维系王朝稳定的重要因素，因此，礼贤下士也就成为了每一位君主都需要具备的品格。最有名的关于礼贤下士的典故就是信陵君和侯嬴的故事。

信陵君名叫无忌，是魏昭王的小儿子，魏安釐王的异母弟弟。昭王去世后，安釐王继位，封无忌为信陵君。信陵君为人仁爱，尊重士人，而不论这些士人的才能高低。因此，几千里内的士人都争着归附他，食客有三千人之多。魏王很担心他影响自己的地位，因此不让他处理政事。

当时魏国有个隐士名叫侯嬴，七十岁了，家境贫寒，是魏都大梁的城门守门人。信陵君听说了这个人，便前往邀请，想馈赠给他一大笔财富。侯嬴不肯接受，说："我几十年注重自己的操守品行，不能因为做守门人贫困而接受公子的钱财。"于是有一天信陵君就设宴，邀请了很多宾客。宾客就座之后，信陵君驾着马车，空出车上左边的座位，亲自去接侯嬴。侯嬴穿着破旧的衣服，直接上了车，坐在左边的上位，并不谦让，想用这一举动来观察信陵君是否真的礼贤下士。信陵君手执辔头，驾车回府，表情愈加恭敬。走到一半，侯嬴又对信陵君说："我有个朋友在街市上卖肉，希望能借着您的马车顺路看他一眼。"信陵君便驾着车马来到闹市。侯嬴下车去见他的朋友朱亥，斜着眼睛偷看信陵君，故意闲谈了很久。在这期间，侯嬴暗中观察信陵君的表情，发现他的脸色更加温和，丝毫没有厌烦。而此时在信陵君的家中，魏国的将相和宗室等宾客都来了，坐在厅堂里等待信陵君开宴。闹市上的人们都看着信陵君亲自驾车，非常惊奇。信陵君的随从都偷偷骂侯嬴。侯嬴观察信陵君的脸色始终没有变化，才辞别朱亥上了车。到信陵君府上后，信陵君让侯嬴坐在上座，把宾客一个个介绍给他，宾客们都很惊讶。酒过三巡之后，信陵君起身到侯嬴面前祝酒。侯嬴对他说："今天我为您做的事情已经足够了。我就是个看大门的，您却屈尊亲自驾车接我。本来大庭广众之下，我不应该做过分的事，但为了您，我做了。我是为了成就您的名声，才故意去拜访朋友，让您久久地站在街市里。您的神态一直都很恭敬，闹市的人都以为我是个小人，而以为公子是个宽厚的人，能谦恭地对待士人。”酒宴结束，侯嬴便成了信陵君门下的上等宾客。侯嬴还向信陵君推荐了朱亥，信陵君也去拜访他，但朱亥从来不主动回拜，信陵君内心感到奇怪，微微有些不快。

不久，秦国在长平击败了赵国的军队，包围了赵国的首都邯郸。信陵君的姐姐是赵惠文王弟弟平原君的夫人，多次向魏国求救。魏王派大将晋鄙率领十万部队援救赵国。但秦王派使者警告魏王，说如果救赵，等攻下赵国后，必先攻魏。魏国之前不久，和秦国发生过战事，被秦国打得大败。因此魏王很害怕，让晋鄙在邺城安营，名义上是救赵，实际上是观望形势。

信陵君看出了魏王的打算，多次劝说魏王全力救赵，魏王不听。信陵君又接到很多平原君的求救信，他按捺不住，自己带着家丁和宾客，准备了一百多辆战车，前往救赵。他出大梁城时，见到侯嬴，把自己的想法告诉了他。但是，侯嬴却非常冷淡地说：“您努力吧！我不能跟随您去了。”信陵君出城后不久，心里越想越不是滋味：“我对待侯嬴那么好，天下没有不知道的，现在我就要战死沙场了，但侯嬴态度这么冷淡，难道我有什么对不住他的地方吗？”于是又带领车骑返回来找他。

侯嬴笑着说："我就知道您会回来。"接着又说："公子礼贤下士，现在亲身赴难，想靠这么一点力量与秦军决一死战，这就好比把肉投给饥饿的老虎。如果这样，还养门客做什么呢？而且您平时对我很好，您前往赴死，我却神情冷淡，因此知道您一定会感到遗憾，再回来找我。我给您出个主意。我听说晋鄙带兵的虎符，经常放在魏王的卧室里，现在如姬最受魏王的宠幸，能经常出入魏王的卧室；我又听说之前如姬的父亲被人杀害，三年之久，连魏王都没成功帮她报仇。她对您哭诉这件事，是您派门客斩掉她仇人的头颅，献给了她。现在，您请求如姬帮忙，她一定会答应。如果得到虎符，就可以夺过晋鄙的军权。北边援救赵国，西边打退秦军，那可是取得了春秋时期五霸的功业啊！"信陵君听从了他的计策，请求如姬帮忙。如姬果然盗得晋鄙军的虎符给了信陵君。

信陵君再次出发时，侯嬴又说："将军在外作战，国君的命令也可以不接受，这对国家有好处。您带兵符前去，即使兵符契合，晋鄙也不一定把兵权交给您，那事情就麻烦了。让朱亥和您一起去吧，他是个大力士。晋鄙如果听您的命令，那极好。如果不听，可以让朱亥击杀他。"朱亥笑着说："我之前没有回报公子的原因，

虎符

是我认为微小的回报对您没有什么用处。现在您有了危难，正是我效命的时候。”于是信陵君向侯嬴辞别。侯嬴说：“我应当跟随您前往，但我确实老了。您此去，有回不来的可能。我会计算您的行期，您到达晋鄙军营的那一天，我将面朝北自杀，以此回报公子。”

信陵君到了邺城，合上了兵符，假传魏王之令，说魏王让自己代替晋鄙。晋鄙果然怀疑这件事，并没打算听从信陵君的号令。这时朱亥拿出藏在袖子里重四十斤的铁锥，一下子打死了晋鄙。信陵君于是掌管了晋鄙的军队，进兵攻击秦军。秦军撤退了，赵国终于得到了保全。侯嬴也果然在信陵君到达军营的那天，面朝北方自杀了。

“虚左以待”，语出《史记·魏公子列传》：“公子于是乃置酒大会宾客。坐定，公子从车骑，虚左，自迎夷门侯生。”

知识窗八

战国末期，魏国的信陵君、齐国的孟尝君、赵国的平原君、楚国的春申君，因其四人都是王公贵族，人称“四公子”。 他们礼贤下士，广招宾客，门客众多，以养“士”著称。魏无忌，号信陵君，战国四君子之首，魏国第六个国君魏安釐王的异母弟。田文，齐国宗室大臣。其父靖郭君田婴是齐威王少子，是齐宣王的异母弟弟，曾于齐威王时担任军队要职，于齐宣王时担任宰相，封于薛。田婴死后，田文继位于薛，是为孟尝君。赵胜，赵武灵王之子，惠文王之弟，因贤能而闻名，号平原君。春申君，名黄歇，为战国时期楚国公室大臣，曾任楚相。

第三章 君臣际会

颛顼受之，乃命南正重司天以属神，命火正黎司地以属民，使复旧常，无相侵渎，是谓绝地天通。

——《国语·楚语》

一、三皇五帝

三皇五帝，是中国传说中最早的几位君主。“皇”的原始意义是神祇，《说文解字》解释为“始王天下者”。“帝”，《说文解字》解释为“王天下之号也”。秦始皇统一华夏，自认为功过“三皇五帝”，因此将“皇”和“帝”组合发明了“皇帝”这一称号。秦始皇在世的时候，他的名号是“始皇帝”，就是第一个皇帝的意思。

现在看来，三皇五帝，是中华民族对在文明萌芽期作出突出贡献的人类的总称。三皇，主要强调他们征服自然的功绩；五帝，在儒家后来的神话中更主要强调他们建设社会的成就。三皇五帝有很多不同版本。三皇的说法有伏羲、神农、女娲；伏羲、神农、黄帝；伏羲、神农、燧人；伏羲、神农、祝融；伏羲、神农、共工等好多种。五帝也有黄帝、颛顼、帝喾、尧、舜；少昊、颛顼、帝喾、尧、舜；黄帝、庖牺（即伏羲）、神农、尧、舜；黄帝、颛顼、太昊（即伏羲）、少昊、炎帝；黄帝、颛顼、喾、尧、少昊等多种说法。

我们在这里主要讲人类在大地上最初生存的故事，

因此重点说一下三皇为人类生存所作出的杰出贡献。我们所指的三皇，是伏羲、神农和燧人。据文献记载，在上古时代，人类非常野蛮，像动物一样，只知道自己的母亲，不知道自己的父亲；衣服也穿得破破烂烂，能遮蔽前面，遮不住后面；饿了就吃，吃的全是天然的野果和生肉，吃不完的东西就扔掉，不懂得保存，吃了上顿没下顿。在这种情况下，人类之中出现了三个著名的人物，开始为人们制定法度。

最开始还是伏羲。在上一章里，我们知道伏羲是创世的大神，但他同时还是人文的始祖。伏羲观察天地，按照天地运行的法则来制定人间的法则。他制定了婚姻制度，实行男女对偶制，以防止乱婚和近亲结婚。原来的血缘婚变成了族外婚，孩子们也有了父亲和母亲。然后伏羲画了八卦图。这个八卦图，象征着天地万物，阴阳五行全部包括在里面了，可以说是对当时知识的一个高度概括总结。人们通过学习推演它，可以更好地去改造周围的世界。伏羲还发明了结绳记事的法子，同时教人民织网渔猎，又教人民驯养野兽。这样人们就能更好地获得并储存食物，不用饥一顿饱一顿了。伏羲还教人最基本的处理食物的方法，因此他常被人称为“庖牺”。他还制定了礼道人伦，并创作了最初的音乐教化万民。

河南荥阳市广武山上的三皇像

这时人类就从蒙昧时期进入了渔猎时代。

伏羲之后，是神农。伏羲时期，人口还比较少，野兽家禽的肉足可以供人们吃饱。但神农时期，人口经过不断繁衍，越来越多，只靠肉食根本吃不饱。于是，神农就观察气候的规律，分辨地利的好坏，同时遍尝百草，选择合适的植物种类并培育它们，使之可以成为农作物品种。这就是稻、黍、稷、麦、豆五谷的雏形。然后神农又发明了耒、耜等农具，教人们耕作。同时，神农设立了市场，每天中午时分开市，人们把天下的货物聚集在一起，供不同需求的人互相交易。在品尝百草的时候，神农发现有些植物可以治病，这就是草药学的起源。神话中的神农据说一生下来就有个透明肚子，五脏六腑全都能看得见。他在尝百草的过程中，能看到这些草作用在什么地方。如果中毒，也能看出用哪些草能解除毒性。这些传说都反映了人类农耕时代的特征。

接下来就是燧人。燧人，最主要的功绩就是教人获得火源和使用火源。他通过钻木取火的办法，获得火源，教人熟食；又让人在夜晚点起篝火，防止野兽侵扰；将生活垃圾，也用火烧掉，预防疾病传播。有人说燧人应该是三皇之首，但我们认为，三皇本身就是混杂在一起的，只是人们把不同的功绩归结在了不同的人身上，硬要分出个顺序来，并没有太大的意义。

五帝时期，人们也取得了重大的成就。他们造了舟楫渡河；造了车，役使牛马拉动，可以运输重物，也可以方便长途出行；做了杵臼，可以使粮食磨得更精细，有助消化；做了弓箭，说明战争的发生更加频繁。同时，人们从山洞里搬了出来，学会了在平地上建筑房屋；发明了文字，取代了结绳记事；还建立了官制；礼法也精致了，特别是葬礼，人们发明了棺椁，对死者更加尊重。

五帝有可能来自五行思想。比如《史记正义》记载的五帝，是青帝灵威仰、赤帝赤熛怒、白帝白招矩、黑帝协光纪、黄帝含枢纽。这里有明显的五行、五方和五色的特征。因此，帝出于五。五帝诸人，可能也是最初的各族领袖，本来也没有顺序。我们以《史记》记载的非常儒家化的五帝进行分析。《史记》版五帝，是黄帝、颛顼、帝喾、尧、舜。黄帝自然是很伟大的了，在后来的神话里，上述五帝时期几乎所有的发明都是黄帝和他的家人、臣子做的。黄帝时期，最主要的事迹是征战。他吞并了炎帝、蚩尤等部落，抟成华夏族。颛顼和帝喾，没有多少史实记载。在神话里，突出的也是他们创造天地的功绩。因此我们猜想，他们可能是别的部族的创世神，后来被融进了华夏族的系统。尧和舜就更有意思了，他们除了仁爱，几乎没有什么具体的功绩，所有的事情都是他们手下的大臣做的。他们做的事，就是用人得当，最后给每个人都封了官。因此，道德性是他们最突出的特征。这两个人，很有可能是儒家一手制造出来的。因为在非儒家的五帝系统里，几乎都没有这两个人。后来儒家思想成为中国的统治思想后，这一世系也就成了主流。

不管怎么说，三皇五帝都代表了为中华民族最初的生存作出巨大贡献的人，我们应该对他们心存敬意。

“三皇五帝”，出处众多，不一一列举，可参见《史记·五帝本纪》和《帝王世纪》。

知识窗九

《国语》是中国最早的一部国别体著作，在内容上偏重于记述历史人物的言论。它是关于西周时周、鲁、齐、晋、郑、楚、吴、越八国人物、事迹、言论的国别史杂记，也叫《春秋外传》。原来传说是春秋末期鲁人左丘明所作，与《左传》并列为解说《春秋》的著作。全书二十一卷中，《晋语》九卷，《楚语》二卷，《齐语》只有一卷。《周语》从穆王开始，属于西周早期。《郑语》只记载了桓公商讨东迁的史实，也还在春秋以前。《晋语》记录到智伯灭亡，到了战国初期。所以，《国语》的内容不限于《春秋》，但确实记载了很多西周和春秋时期的重要事件。《国语》记载了很多价值极高的原始史料，司马迁著《史记》时就从中吸取了大量素材。

二、尧天舜日

大概是为了限制君主的权力，从春秋时期开始，儒家开始有意识地制造一批圣王，将仁德等观念同他们的事迹混合在一起，不断宣扬他们，游说诸侯时也常常拿他们来举例子。最突出的、也是最古老的两个代表，就是尧帝和舜帝。他们都是在道德上非常完美的人，对人民也尽心尽力。在传位给下一任君主的时候，他们也并不根据血缘传位，而是根据继位者的道德能力。这就是儒家所说的“禅让”。

如之前所述，尧是儒家认为的创世时期的最初领袖。他的所作所为，主要是在洪水肆虐之后，重新建立生产秩序。若说起他的品德，则无人不称赞，他节俭、朴素、顾念人民。传说他住在茅草屋里，身上穿的是麻布衣服，吃的是糙米饭，使用的器皿也是简单的陶器。但他对国家人民的关怀，却是无微不至。假如在他的统治下有一个人没饭吃，有一个人没有衣服穿，尧就会说：“这都是我的原因，没有使人民生活富足。”如果有一个人犯了罪，尧也会说：“这是我没有把他教育好。”因此，

后代尧帝访舜石板画

在尧的时代，虽然天地秩序还不稳定，经常有水灾旱灾，人民还是非常拥护他，天上也降下很多祥瑞之兆。

尧在位七十年，他感觉自己渐渐老了，打算把帝位传下去。但是，他的儿子丹朱又很不肖，尧就询问周围的大臣，周围的大臣就向他推荐了舜。他们给尧讲了舜的事迹。舜的父亲是一个瞎眼人，因为残疾的缘故，大家就都叫他瞽叟。舜出生后不久，他的母亲就死了，瞽叟又娶了一个妻子，生了一个儿子，叫象。舜的父亲只宠爱后妻和象，舜的后妈也是一个小心眼的泼妇，他们处处给舜找麻烦。象也不尊敬舜这个哥哥，非常粗野。在这种情况下，舜仍然十分忍让，对父亲和后母非常恭敬，因此乡间到处流传着舜孝顺的名声。

但瞽叟和舜的后母还是对舜不满，后来甚至把舜赶出了家门。舜就到历山这个地方生活。没过多久，历山附近的人都被舜的德行感化了，不仅不争夺田地，还互相谦让起来。舜又到雷泽去打渔，雷泽的渔夫也开始互相帮助，一片和睦。舜又到河滨去制作陶器，结果河滨的陶工也受到他的美好德行的感染，工作努力认真，所制造的陶器也既美观又耐用了。舜无论到哪里，人们都愿意跟随他居住。因此，舜住的地方，一年后就变成了小村落，两年后就成了城镇，三年后简直就变成大都会了。

尧听大臣们说完后，就把女儿娥皇和女英许配给舜，让她们观察舜是否真的有才干。尧又赏赐给舜一些财物。舜得到了这些赏赐，又带着新媳妇去看望瞽叟。两家又和好如初了。但瞽叟和象仍不知悔改，他们又想杀掉舜，霸占这些财物和舜的妻子。他们先后设了两个局。先是瞽叟让舜修补谷仓的屋顶。结果舜登上谷仓后，他们在下面纵火焚烧仓房。幸亏舜穿着娥皇和女英给他的一件画有鸟纹的宝衣，化成一只大鸟逃了出来。舜原谅了他们后，他们又想出另一个阴谋。他们让舜掘井，当井挖

《虞舜孝行感天》图

得很深了，他们就把吊着舜的绳子割断，开始在上面填土，要把井堵死，把舜活埋在里面。幸亏舜的妻子还有一件绣着龙形的宝衣，舜又化成一条龙，从地下的水道游了出来。瞽叟和象还以为阴谋得逞，准备分割舜的财产，见到舜完好无损地回来之后，非常惊讶。经过这样两件事之后，舜对待父母和弟弟，还是像之前一样的孝敬友爱。舜的父母和弟弟，也真正受到了感动，开始把舜当成家人看待。

尧听完女儿们讲述舜的事迹之后，对舜非常满意，就把帝位传给了舜。在尧的辅助下，舜继续治理洪水，分划土地。又把作恶的共工流放到幽州，把驩兜流放到崇山，把三苗赶到三危，把鲧杀死在羽山。天下都服从了舜的统治。

尧在传位给舜的二十八年后去世了。舜继续完成尧未竟的事业。相较于尧，舜的执政重心在于社会人事。他任命禹为负责治理水土的司空，任命弃为负责指导人民播种百谷的后稷，任命契为负责教化百姓的司徒。这三个人中，禹是传说中夏朝的开国君主，契是传说中商朝王族的祖先，弃是传说中周朝王族的祖先。舜又任命皋陶为负责刑法的士，任命垂为负责手工业的共工，任命益为负责管理草木鸟兽的虞，任命伯夷为负责典礼的秩宗，任命夔为负责音乐的典乐，任命龙为负责出纳王命的纳言。这样，基本的政治秩序就奠定了。舜还制定了每三年考核官员的制度，奖赏有功绩的官员，罢黜没有作为的官员。在他的治理下，政教大行，八方宾服。因此，司马迁说："国家圣明，以德治国，都是从舜这一时期开始的啊。"

舜在位的时候，也经常进行战争，一共打了三十场仗，都胜利了。他在位五十年，相传在南巡途中，去世于苍梧之野，葬在江南的九嶷山。娥皇、女英去奔丧的时候，眼泪洒在南方的竹子上，竹林就保留了她们的泪

湘妃竹

痕，这种斑竹，被称为“湘妃竹”。这两位夫人走到湘水，不幸在河中翻了船，都淹死在湘水里，成了湘水的女神。

“尧天舜日”，出自宋文珦《潜山集·梅雨》：“尧天舜日远，怀抱若为舒。”

三、三过家门而不入

三过家门而不入，是大禹治水中发生的故事。《孟子》最早记载了这个故事，后人又在这个基础上发挥。据说，禹走到涂山的时候，娶了当地的姑娘做妻子，结婚后才四天，禹就又投入到治水的工作中去了。后来涂山氏怀了孕，生了启。禹第一次经过家门时，听到婴儿的哭声，但他怕耽误治水，就没有进家。第二次经过家门时，他的儿子正在他妻子的怀中向他招手，这时工程非常紧张，他挥手招呼了下儿子和妻子，就又走了。第三次经过家门时，儿子已经会走了，跑过来使劲把他往家里拉。大禹告诉他，水患未平，还需努力，不能回家，又匆忙离开。这种舍小家为大家的精神，始终被人们所颂扬。

很多文献记载了禹娶妻生子的传说。据说禹因为忙于治水，一直到三十岁还没有结婚。大禹觉得这样下去不行，自己年纪慢慢大了，再不婚娶，就不合于制度。于是，他向上天祷告说："我娶何方的女子，上天必然会给我征兆。"禹治水到了涂山附近，遇见一只九尾白狐。禹想到涂山一带流传的民间歌谣，大意是说："白狐是天降的祥瑞，谁见到九尾的白狐，就预示着谁能登上王位；谁娶了涂山的姑娘，谁就能兴旺家族。这是上天给人的启示啊，一定要遵照执行！”禹于是就决定娶涂山当地的姑娘。

涂山当地有一个姑娘叫做女娇，长得很漂亮，行为也很端庄。禹对她一见钟情。女娇也知道禹是治水的大英雄，也对他心怀爱意。虽然两人都互相有了情意，但灾情严重，禹必须得出发去南方巡视。女娇让她的侍女去涂山的南面等禹归来，但等了好久，也没有禹的消息。女娇就作了一首诗，表达对禹的想念。这首诗歌现在只流传下来一句：“候人兮猗！”“兮”是助词，“猗”是语气词，这句话直译过来就是“等人呐……唉！”很好地表达出了女娇对禹的思念。据说这首诗是南国一带的第一首诗，是《诗经》里《周南》、《召南》的始祖。

后来，大禹终于回来了，在辛日这一天迎娶了女娇。四天后，禹又离开家，前去治水了。禹把女娇安置在他的家乡安邑。女娇一个人在家，很孤单，也很想念涂山。禹就给她筑了一个高台，让她想家的时候登台望一望家乡。后来女娇怀了孕，更不愿意离开禹了。禹就让女娇跟随他去治水。

有一天，治水的队伍走到了轘辕山。要想引导水流过去，就必须得把轘辕山打通。禹没日没夜地指挥开山。他让女娇在后方大营里待着，对她说：“我想吃饭的时候，就会敲鼓，你听到鼓声，就给我来送饭。”女娇答应了他，送他出门。禹到了工地上，就化身为一只大熊，投入到开山的工程中去。在挖山的时候，一不小心踩落了一块石头，石头在地上跳了一下，正好敲在了鼓上。女娇就开始做饭，给禹送去。因为还不到吃饭的时间，禹并没有想到女娇会来，还没有从熊的样子变成人的样子。女娇看到自己的丈夫原来是一只熊，非常惊讶，放下饭捂着脸跑了。禹赶紧在后面追。当女娇跑到嵩高山下，她感到腹部一阵疼痛，原来是孩子要出生了。女娇跑不动了，但她实在不想被禹追上，回去和一头熊一起生活，就化成了一块山石。禹赶到之后，对着女娇化成的山石大声喊道：“还我孩子来！”山石轰的一声裂开，一个男婴从中而出。禹就给他的儿子起名叫做“启”。

不论是神话传说，还是儒家后来的改写，都可以看到，禹治水非常勤劳，值得所有后来的君主学习。在治水的过程中，禹走遍天下，对各地的地形、习俗、物产等皆了如指掌。禹重新将天下规划为九个州，并制定了各州的赋税和贡物品种。禹死后，也希望按照禅让的方式将帝位传给当时的一个贤人伯益，但他的儿子启发动

浙江绍兴大禹陵

了针对伯益的战争，最终夺得了帝位。禅让制也就这样终结了。

“三过家门而不入”，出自《孟子·滕文公上》：“禹疏九河……八年于外，三过其门而不入。”

四、网开一面

汤是商王朝的建立者，也是儒家称颂的圣王。汤的传说，集中体现了颛顼、尧、舜和禹的精神。

汤是一位非常仁慈的王。有一天，汤到外面游猎，看见一个人在四面张网，网罗天上的飞鸟。张网的人祈祷说："希望从天上落下来的，从地下钻出来的，从四面八方来的，都进入我的罗网！"汤听了后就说："你这样就会把飞鸟禽兽全部猎光了呀。"于是，他教那人把罗网撤去三面，只留一面，并写了新的祈祷词让张网的人祈祷："想往左边走的就往左边走，想向右边逃的就向右边逃。自己不听从命令的，那就只能进我的罗网了。"很多小国的诸侯王听说了这件事，都说："汤真是仁德到极点了，就连禽兽都受到了他的恩惠。"大家纷纷归顺汤。而同时的夏帝桀却施行暴政，荒淫无道，汤于是率领诸侯，举兵讨伐夏桀。汤对各诸侯说："夏桀的德行已经败坏到这种地步，现在我一定要去讨伐他。我这是得了天命，希望你们和我一起来奉行上天降下的惩罚，我会重重地奖赏你们。你们不要怀疑，我绝不会说话不算数。如果你们违抗我的誓言，我就要惩罚你们，绝不宽赦。”于是汤就灭亡了夏，建立了商王朝。

汤还是一个礼贤下士的君主。当时有个非常有学问的人叫伊尹，也叫阿衡。伊尹想求见汤，却没有门路，于是他就先去给汤的妻子有莘氏做陪嫁的男仆，然后背着饭锅砧板来见汤。他借着谈论烹饪手法的机会劝说汤实行王道。汤欣赏他的才能，于是接纳并礼待了他。也有人说，伊尹本是个有才德却不肯做官的隐士，汤曾派人去聘请他，前后去了五趟，他才答应辅佐汤。这大概就是“三顾茅庐”的雏形了。汤于是重用了伊尹，委任他管理国政。

汤也强调禹的功绩。他灭夏后，班师回朝，写了《汤诰》。汤对诸侯说：“各位可不能不为民众谋立功业，要努力办好你们的事情。否则，我就对你们严加惩办，那时可不要怪罪我不近人情。”他又说：“过去禹、皋陶长期奔劳在外，为民众建立了功业，民众才得以安居乐业。当时他们东面治理了长江，北面治理了济河，西面治理了黄河，南面治理了淮河。这四条重要的河道治理好了，万民才得以定居下来。后稷教导民众播种五谷，民众才知道种植各种庄稼。这三位古人都对民众有功，所以，他们的后代能够建国立业。”

汤灭夏建商不久，天下大旱，旱情持续长达七年之久，社会上甚至出现了因为没有粮食吃而贩卖子女的现象。史官经过占卜说：“只有拿活人做牺牲，老天才肯下雨。”汤决定自己做这个牺牲。于是，他选定了日子，在一个叫桑林的地方筑起神坛，坛上堆满易燃的干柴。到了求雨那天，汤洗净了身子，披散着头发，穿一身粗布衣服，身上捆着引火用的白茅草，坐着一辆白色的车子，用白马拉着，向桑林走去。神坛周围人山人海，巫师们坐在坛前祷告，祭盆里的火熊熊燃烧。汤向上天祷告说：“我自当商王以来，尽心尽力为臣民办事，不知怎么得罪了上苍，竟降灾不雨。是因为我实行的措施不当，政策不好吗？是我对臣民体恤不够，失职了吗？是我贪图享受，多盖宫室殿堂了吗？是我贪恋女色，身边的妻妾宫女太多了吗？是我聚敛财富，接受别人的贿赂、财物了吗？是我接近奸邪谗佞的人，让正直无私的臣民们受压抑了吗？如果这些方面做得不好，那是我一个人的过错，不要难为百姓。百姓有罪，也都在我一个人的身上。”汤祈祷完了，就走上神坛，端坐在干柴堆上。当时天空中还是烈日当头，巫师们点燃了柴堆，很快火焰就包围了汤。这时，一阵狂风吹来，乌云刹那间布满天空，天降倾盆大雨，汤也保全了性命。这虽然体现了

网开三面

汤的仁慈，但也说明，作为天子的汤，在当时仍是与天沟通的最合适的人，也是唯一的人。

尧、舜、禹、汤，就是儒家最推崇的四位圣君了。他们都曾在历史上出现过，但也都被附会上了儒家仁政治国的理想。后世的圣君，也都以这四个人为榜样。

“网开一面”，出自《吕氏春秋·孟冬纪·异用》：“汤见祝网者，置四面，其祝曰：‘从天坠者，从地出者，从四方来者，皆离吾网。’汤曰：‘嘻！尽之矣。非桀其孰为此也？’汤收其三面，置其一面，更教祝曰：‘昔蛛蝥作网罟，今之人学纾。欲左者左，欲右者右，欲高者高，欲下者下，吾取其犯命者。’汉南之国闻之曰：‘汤之德及禽兽矣！’四十国归之。”

知识窗十

《吕氏春秋》亦称《吕览》，是秦国丞相吕不韦集合门客们共同编撰的一部杂家名著，成书于秦始皇统一中国前夕。全书共分十二卷，一百六十篇，二十余万字。《吕氏春秋》分为十二纪、八览、六论，博采众家学说，以儒、道思想为主，并融合进墨、法、兵、农、纵横、阴阳家等各家思想。所以《汉书·艺文志》等将其列入杂家。吕不韦自己认为其中包括了天地万物古往今来的事理，所以号称《吕氏春秋》。

五、酒池肉林

历史上有名的暴君与昏君故事，基本也都经过了儒家价值观的洗礼。他们多半是不仁不义，不讲礼法，不智慧的，不守信的，不爱护子民的，不听贤臣劝谏的。他们可能也完成了较大的功业，但也因此功业而让百姓作出了较多的牺牲。而且基本上，最有名的暴君都是亡国之君。在禹以前，虽然有作乱的下属，却没有暴君的形象。早期最具代表性的暴君就是夏朝的桀和商朝的纣。

夏桀施行暴政，荒淫无道。虽然有关夏桀具体的传说比较少，却都具备了后来的暴君特质。首先，他不爱护百姓，喜欢把宫苑里的老虎放到市场里去，看人民惊吓的样子取乐。其次，他不信任大臣。他有个大臣叫做关龙逢，看到朝政荒疏，就向桀进言。桀不但不听，还把他杀了。他听说汤的仁政之后，试图把汤囚禁起来，杀死他。但幸好夏桀还贪财，汤的子民就用财宝把汤保释出来。最后，他好色，因为贪图淫靡生活而不理朝政。夏桀为了修建自己的宫殿，不断增加徭役，耗尽了夏的民力；又重加盘剥，掠光了夏的财富。夏国的民众都在

夏桀骑人

怠工，不愿为他出力。就这样夏桀还把自己比做天上的太阳，认为天下不能缺少他。当时的人民中间就流传着这样的歌谣："这个太阳什么时候消亡，我宁愿和你一起灭亡！"最终，商汤带领诸侯攻入夏都，灭亡了夏朝，建立了商。

商朝建立很久后，君主也逐渐骄奢淫逸了。商朝的最后一个皇帝纣也是暴君。纣的名字叫辛，继位后就被称为帝辛。天下都管他叫"纣"，其实是他去世之后的事了。"纣"是一个谥号，谥法上"纣"表示残义损善，是周人加给他的。

纣其实是一个非常有才能的人。他天资聪颖，口才极佳，执行力和学习能力都很强，而且力气很大，能徒手与猛兽格斗。他极有自信，他认为他的智慧足以做好所有事情，因此拒绝臣子的劝告。他凭着才能在大臣面前夸耀，凭着声威到处抬高自己，认为天下所有的人都比不上他。

纣的坏与桀的坏大同小异。纣追求生活的享受，嗜好喝酒，放荡作乐，宠爱美女。他特别宠爱妲己，一切都听从妲己的。他动用了很多奴隶来修建鹿台。这个鹿台方圆三里，高有千尺。站在上面，纵目千里，好像站在云层中看地面似的。他加重赋税，把鹿台钱库的钱堆得满满的，把钜桥粮仓的粮食装得满满的。他多方搜集狗马和新奇的玩物，填满了宫室，又扩建沙丘的园林楼台，捕捉大量的野兽飞鸟，放置在里面。他对鬼神傲慢不敬。他让乐师涓为他制作了淫靡的歌曲。他招来大批随从，聚集在沙丘，用酒当做池水，把肉悬挂起来当做树林，让男女赤身裸体，在其间追逐戏闹，饮酒寻欢，通宵达旦。纣也很得意，给自己起了个称号叫“天王”。

纣对臣子也非常残暴。因为纣的荒淫无度，百姓们怨恨他，有的诸侯背叛了他。于是，他就加重刑罚，设置了叫做炮烙的酷刑，即让人在涂满油的铜柱上爬行，下面点燃炭火。铜柱不断升温，人抓不住柱子就掉在了炭火里。纣任用西伯昌（后来的周文王姬昌）、九侯、鄂侯为三公。九侯有个美丽的女儿，献给了纣，她不喜淫荡，纣大怒，杀了她，同时把九侯也施以醢刑，把他剁成肉酱。鄂侯极力劝谏，争辩激烈，结果鄂侯也遭到脯刑的处罚，被制成肉干。西伯昌闻听此事，暗暗叹息。崇侯虎得知了这件事，就向纣去告发。纣就把西伯囚禁在羑里。西伯的大臣闳夭等人，找来了美女、奇物和好马献给纣，纣才释放了西伯。纣又任用费仲和恶来管理国家政事。费仲善于阿谀奉承，贪图财货；恶来善于毁谤，喜进谗言。诸侯因此对商纣越发疏远了。

河南新乡比干雕像

流行最广的还是纣与比干的故事。比干是纣的叔父，也是朝廷里的重臣。他非常忠诚耿直。他看到纣荒淫无道，就经常规劝他。最后纣发了脾气，说："我听说像您这样的圣人，心有七个孔窍，我倒要看看是不是真的有七个。"他命人把比干推出去，剖开他的胸膛，挖出了比干的心。

西伯姬昌回国后，暗自修养德行，推行善政，很多背叛了纣的诸侯都来归服西伯。后来，天下有三分之二的诸侯都听从周的号令。西伯昌死后，他的儿子周武王率领诸侯东征。纣派出军队在牧野进行抵抗。最后，纣的军队被打败，纣仓皇逃进内城，登上鹿台，穿上他的宝衣，点火自焚而死。周武王赶到后，砍下他的头，挂在旗杆上示众。周武王又处死了妲己，修缮了比干的坟墓。但他仍封了纣的儿子武庚管理商朝王都附近的土地，统治商朝的王族，并责令他施行德政，殷商民众非常高兴。于是，周武王做了天子。本来夏商的君主都被称为"帝"，周武王因为帝辛的名声不好，改称为"王"。周武王逝世后，武庚又联合周王族的管叔、蔡叔发动叛乱，周武王的弟弟周公旦再次东征，诛杀了他们，并把商王族的代表微子封在宋国，来延续商朝的血脉。

说到中国的圣君，必先提尧、舜、禹、汤，说到暴君，必先提桀、纣。而且桀、纣坏的都非常相似。桀大兴土木，造琼台瑶室；纣造鹿台。桀杀关龙逄；纣杀比干。桀囚禁了商汤，商汤行贿，逃走；纣囚禁了姬昌，姬昌行贿，也逃走了。桀宠信妹喜；纣宠信妲己。桀自比太阳；纣自比天王。总结来看，暴君都有宠妃，都爱建造宫殿，都喜欢大吃大喝，都不听臣子的话，都爱受贿，都相信天命。之后的很多皇帝，可能也荒淫无度，也大兴土木，也徭役百姓，但因为没有亡国，就不突出。因此，孔子的学生子贡评价说："纣王的坏，似乎不如传说的那样严重。君子们都非常憎恶从高处降到低处。因为一旦如此，天下的一切坏事和坏名声都会归到自己的头上来。"随着长期流传，桀、纣暴君的帽子是摘不下来了。

"酒池肉林"，出自《史记·殷本纪》："以酒为池，县肉为林，使男女倮相逐其间，为长夜之饮。"

六、防民之口

周厉王姬胡是周朝的第十代国王。西周的政事，其实在厉王的父亲懿王当政的时候，就已经开始走下坡路了。当时就有诗人作诗讽刺懿王的。到了厉王当政，他非但没有励精图治，反而浑浑噩噩地混起日子。到了他当政三十年的时候，周王室的财政出现了危机。周厉王虽然没有桀纣那么荒淫，但要想维持之前的宫廷生活，也需要打开财路。

这时，一个叫荣夷公的大臣给厉王出了一个点子，让他对人民生活的一些必需品征收“专利税”。此后，不论是王公大臣还是平民百姓，只要利用周王城里的国家资源，比如采药、砍柴、捕鱼虾、射鸟兽，都必须纳税。这个办法，遭到了周王城里百姓的强烈反对，很多大臣也纷纷向厉王进言。大夫芮良夫说：“专利，会触犯大多数人的利益，是很有损统治、丧失民心的做法。”但是，厉王为了维持奢华的宫廷生活，根本不听大臣们的劝告，还升了荣夷公的官，让他做了卿士。

实行专利后，百姓的生活非常困苦，怨声载道，百姓写了很多诗来讽刺厉王。据说《诗经》中的《硕鼠》就是其中的一篇。诗中，周厉王被比作大老鼠："大老鼠啊大老鼠，你不要再吃我的粮食！多年来我宠惯着你，而你却对我们毫不照顾。我们发誓要离开你，到那欢乐的乐园去。"王都内的百姓纷纷咒骂厉王，有些正直的大臣看到形势不好，就劝说厉王。召公虎对厉王说："百姓们实在是受不了专利税，写了很多骂您的诗。"厉王听后更生气了，变本加厉地进行恐怖统治。他让周围的侍卫和巫师去监视老百姓，如果发现有人谈论专利法或者咒骂厉王，就抓来杀头。这样，王城里能听到的诽谤声渐渐少了，但诸侯王也不再来朝贡厉王了。

王城里的人民看到形势越来越不好，因此诽谤声也一直没有根除。周厉王就加强了对人民的监视。从此，人们虽然牢骚满腹却只好往肚子里咽，谁也不敢再说出来。熟人在路上遇到也不敢交谈，只是用目光互相示意，表达对厉王的怨恨。厉王却以为自己的残暴统治产生了效果，沾沾自喜对召公说："你看，还有谁在说什么吗？"召公听了，对厉王说："百姓们的嘴虽被勉强堵住，却使他们的抱怨变成怨气了。正如治理河水，把水堵住，一旦决口，伤人更多；若采用疏通河道的方法，就会减少很多损失。治理国家也是这个道理，应该广开言路。

如今，大王以严刑苛法堵塞言路，不是很危险吗？”厉王对召公的话置之不理。

如此过了三年，王城里的百姓实在不能忍受了，纷纷联合起来，攻击王宫。周厉王眼看大势已去，只好带了一些随从，偷偷溜出了王宫，逃到了彘这个地方。厉王的太子姬静藏到了召公家，叛乱的人民听说了，就包围了召公的家，勒令召公交出太子。召公在自己府内说："过去天子不听我的规劝，才落到这般地步。现在如果我交出太子，厉王可能会认为是我对他的伺机报复。当初我答应保护太子，现在若是交出太子，岂不是天大的不义。但是，反叛的国人又需要杀死一个王族出气，我决定用自己的儿子代替太子。”这样，召公的儿子就被杀死了，太子活了下来。

经过这场暴动之后，西周进入“共和”时期。有说共和是召公和周公共同执政，还有说当时有个共伯，叫和，代替天子执政。共和第十四年，周厉王在彘去世，大家拥立太子当了周王，这就是周宣王。周宣王执政后，修理政事，以文王、武王为榜样，诸侯又来朝拜周天子了。这段历史，叫做“宣王中兴”。共和时代之后，我国古代历史事件的基本年份就都非常清楚了，而在此之前，我们所能知道的，只是个大概的年份。

“防民之口”，出自《国语·周语上》：“防民之口，甚于防川，川壅而溃，伤人必多，民亦如之。是故为川者，决之使导；为民者，宣之使言。”

七、千金一笑

宣王执政四十六年后，将王位传给了儿子姬宫涅，即周幽王。周幽王是西周的最后一个王，他被当时的犬戎族杀于骊山之下，儿子姬宜臼东迁到洛阳，历史从此进入春秋战国时代。对于造成社会如此巨大变动的一个君主，历史上肯定会有关于他昏庸的记载。这就是“千金一笑”的故事，也常被我们称为“烽火戏诸侯”。

周幽王时期，西周刚刚经过“宣王中兴”时代，国力并不是十分强盛。宣王时期对戎狄的一些战争，也以失败告终。但此时周幽王，却不务正业，荒淫好色。暴君的套路再次上演。周幽王重用佞臣虢石父，盘剥百姓，对外讨伐西戎又没有胜利。这时，有个叫褒珦的大臣，劝谏幽王，周幽王非但不听，反而把褒珦关押起来。褒珦在监狱里被关了好几年，褒族人听说周幽王好美色，就在褒城内找到一位姓姒的女子，教其唱歌跳舞，并把她打扮起来，献给幽王，这就是褒姒。幽王非常喜爱她，马上就把褒珦释放了，和褒姒过起了荒淫奢侈的生活。

褒姒虽然长得漂亮，但从来不笑。周幽王想尽一切

陕西骊山烽火台

办法，也没有让褒姒笑出来。为此，周幽王悬赏求计，说谁能引得褒姒一笑，就赏千两黄金。这时，虢石父替周幽王想出了一个主意。

当时由国都到边镇要塞，沿途都遍设烽火台。西周为了防备犬戎的侵扰，在镐京附近的骊山一带修筑了几十座烽火台，每隔几里地就是一座。一旦犬戎入侵，首先发现的哨兵立刻在台上点燃烽火，邻近烽火台也相继点火，向附近的诸侯报警。诸侯见了烽火，知道京城告急，天子有难，马上起兵勤王，赶来救驾。虢石父觉得，如果点燃烽火台的烽火，招引诸侯前来白跑一趟，褒姒应该会笑。周幽王采纳了虢石父的建议，命令守兵点燃烽火。一时间，狼烟四起，烽火冲天，各地诸侯一见警报，不知道王城出了什么紧急的事，都急急忙忙带领本部兵马赶来救驾。到了骊山脚下，却发现什么事情也没有。烽火台上的褒姒看到他们惊慌失措，又带着失望和愤怒离开的样子，哈哈大笑。周幽王以为自己找到了逗美人一笑的法门，心里也很高兴。以后每次他想逗褒姒笑，就点燃烽火。诸侯发现每次都被戏弄，渐渐也不来了。

周幽王和褒姒生了一个儿子伯服，因为幽王宠爱褒姒，就想把伯服立为太子，把原来的太子宜臼和王后申氏废掉。这可惹怒了宜臼的舅舅申侯。他趁着周幽王宠信奸臣，国人都不满意的机会，联合缯侯、西北夷族和犬戎，进攻镐京。犬戎先打入镐京，周幽王急忙命令烽火台点燃烽火，可诸侯们都没有来。犬戎在骊山下杀死了周幽王，俘虏了褒姒，抢光了镐京的财物后才离去。西周就这样灭亡了，历史进入春秋战国时代。

但是根据清华大学收藏的战国竹简记载，周幽王是因为主动进攻申后的娘家申国，申侯联络戎族打败周王，西周才因此而灭亡。竹简上并没有“烽火戏诸侯”的故事。西周立国之后，一直和犬戎竞争，到文王时期才取得一定的胜利。后来西周的重心，向两方面发展：一方面出潼关，向如今黄河、洛河一带发展；一方面出武关，向如今的汉水流域发展，因而对首都西北一带缺乏有效经营。这样西周在犬戎进攻镐京之时，才没有很好的还手之力，被申侯和犬戎打败。

周幽王想更换太子，大概确实有这样一回事。因此，太子的舅舅申侯才要帮太子争王位。他联合郑、许、晋、秦诸国，勾结犬戎，进攻镐京。此举有反叛之嫌，平王也有弑父的嫌疑。其他的诸侯国也对参与此事的诸侯国不齿，这些诸侯国内部又各怀野心。因此，幽王死后，平王东迁，在道义上不占有优势，周王室就分裂了。原来的天下共主威信扫地，形成了春秋时代“礼崩乐坏”的格局。“烽火戏诸侯”，是当时的典故。把“千金一笑”附在周幽王的故事里，则是明清小说《东周列国志》的事了，之前并没有相关的历史记载。

“千金一笑”，出自宋张孝祥《虞美人》：“倩人传语更商量，只得千金一笑也甘当。”

知识窗十一

甲骨四堂，是指中国近代四位著名的研究甲骨文的学者：郭沫若（字鼎堂）、董作宾（字彦堂）、罗振玉（号雪堂）和王国维（号观堂）。著名学者陈子展教授在评价早期的甲骨学家时写下“甲骨四堂，郭董罗王”的名句，这一概括已为学界所广泛接受。文字学家唐兰曾评价他们的殷墟卜辞研究：“自雪堂导夫先路，观堂继以考史，彦堂区其时代，鼎堂发其辞例，固已极一时之盛。”这四位学者，为中国的上古史研究作出了杰出贡献。

八、愿者上钩

君主的统治，自然要有臣子的辅佐。臣子的主要任务是辅佐、劝谏和全力维护君主的统治。历史上的名臣，大概都在这三方面作出了相当大的贡献。最开始的臣，地位都很高，都是君主主动去请的。最早的、最出名的开国功臣就是周代的姜子牙。关于姜子牙的传说有很多，流传最广的就是“愿者上钩”的故事。

姜子牙名叫尚，或说叫望，本身也是个贵族出身。据说他的祖先曾参与大禹治水的工作，被大禹封在吕地，后来以吕为氏，所以他又被称为吕尚。在《封神演义》里，有很多他得志之前的传说。可以看出，姜子牙确实是出身低微。他很有才学，但前半生却是漂泊不定、困顿不堪。他听说西伯姬昌正在招纳贤才，于是年逾七旬的他投奔西岐。但是来到西岐后，他没有马上去见姬昌，而是来到渭水北岸住了下来。此后，他每日垂钓于渭水之上，等待姬昌的到来。姜子牙的钓法很奇特，鱼竿短，鱼线长，线上不系鱼钩，也不用诱饵之食，反而是吊了一根针。钓竿也不垂到水里，离水面有三尺高。当时有一个叫武吉的樵夫，看到姜子牙这样钓鱼，便嘲讽他说：“像你这样钓鱼，就是一百年，也钓不到一条鱼。”姜子牙说：“曲中取鱼不是大丈夫所为，我宁愿在直中取，而不向曲中求。我的鱼钩不是为了钓鱼，而是要钓王侯。”姬昌果然听说了他的事迹，于是来到渭水边上，请他出山，把他封为宰相。他辅佐文王强盛周国，并在文王去世之后，帮助周武王灭掉了商朝。他自己也被武王封于齐地，成为了齐国的始祖。后来著名的齐桓公，就是他

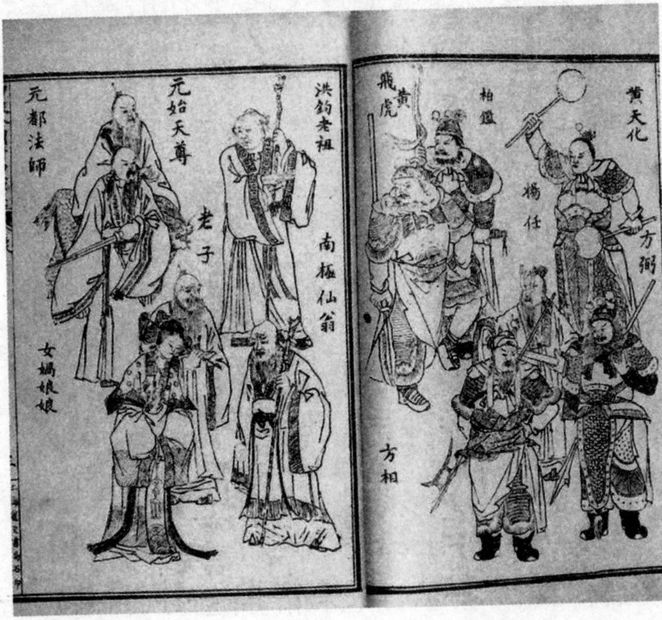

民国出版的《封神演义》书影

姜太公垂钓雕像

的后代。也有人说，姜姓出于羌族，周文王寻找姜太公，体现了历史上周族与羌族的合作。

“三顾茅庐”的故事，大家耳熟能详。我们在上一篇中说过的伊尹的故事，似乎就是“三顾茅庐”的雏形。伊尹，名挚，后来被商汤封官为尹，故以伊尹之名传世。有人说他本是个有才德却不肯做官的隐士，汤曾派人去聘请他，前后去了五趟，他才答应辅佐汤。汤于是重用了伊尹，委任他管理国政。《孟子》说：“伊尹用尧舜之道教育汤，又给他讲讨伐夏桀拯救天下苍生的策略。汤先是做伊尹的学生，然后封伊尹做自己的臣子。汤既然已经懂得了尧舜之道，所以不怎么辛劳就坐上了王位。”

据说，伊尹之前还曾到夏桀的皇宫中做过膳官，与夏桀的宠妃妹喜关系较好。他在商朝为官之后，妹喜正好失宠，也想报复夏桀，于是伊尹通过妹喜了解到夏国内部的许多重要情报。但他同时还担忧服从夏朝统帅的九夷之师。为了测试九夷对夏桀的态度，伊尹劝说商汤，先停止对夏桀的进贡。夏桀于是率领九夷之师攻打汤。伊尹看到九夷之师还听夏桀的指挥，就又献贡投降。又过了几年，伊尹再次劝说汤停止对夏王的进贡，夏桀再次起兵，但九夷之师已不服从他了。伊尹看到灭夏的时机已经成熟，便协助商汤灭亡了夏朝。

传说中，伊尹的母亲住在伊水之上，他母亲怀孕后，做了一个梦，梦到有一个神对她说：“舂米的臼出了水，就往东面走，千万不要回头看。”第二天，她果然发现臼内水如泉涌。她赶紧把梦中神对她说的话告诉了邻居，她也一路东行。但她心里惦记着家园，忍不住回头看了一眼，发现村落已经成为一片汪洋，洪水正跟在她的身后。她吓得举起两只手，正要惊呼，还没有喊出来，人就变成了一棵空心的桑树，因为她违背了神人的告诫。桑树抵挡住了洪水，洪水慢慢退去了。后来，有莘氏采桑女发现桑树中有一个婴儿，便带回献给有莘王，有莘王便命家奴厨师抚养他。这个孩子就是伊尹。从这个故事中，我们可以推测，伊尹的先祖或许也是一个与治水有关的人。

商代还有一个著名的君主叫做武丁。有一天晚上，武丁做了一个梦，梦见一个囚徒模样的驼背人，与他商谈天下大事。武丁觉得他说的句句在理。梦醒之后，武丁就命人画出梦中人的模样，让百官去找。找了很久，终于在北海的傅岩，找到一个叫说的囚徒，与画像很像。群臣把他带到武丁面前，武丁高兴地说："就是他。"这个人就是傅说。

武丁非常信任傅说，他对傅说说："不论什么时候，都希望您随时来教导我，匡正我的差错。如果我是一把刀，那您就是磨刀石；如果我想渡河，那么您就是船和桨。"傅说说："您说得很好。我听说，木材必须经过木匠用工具处理，才能笔直；国君如果有了差错，只要容许臣下进谏，自然会英明。如果国君非常圣明，做臣子的一定听从国君的命令。"武丁就封他做了宰相。果然，他也把国家治理得井井有条。大概这个傅说，确实是个奴隶出身，甚至连姓也没有。因为他出身傅岩，后来就用傅做了姓。也有人说，武丁是先遇到了傅说，但害怕大臣们阻碍一个奴隶出身的人进入朝廷，才编造了那个梦。

从上面的故事来看，商周时期，王虽然是天下的共主，但臣子的地位也很高。王要亲自去请他们，不论他们是贵族还是奴隶。

“愿者上钩”，出自元代《武王伐纣平话》：“姜尚因命守时，直钩钓渭水之鱼，不用香饵之食，离水面三尺。尚自言曰：‘负命者上钓来！’”

九、周公吐哺

三代的重臣，在关键时刻还可以摄行王位。这里最出名的就是周公姬旦。

周公旦是周武王的弟弟。周武王灭商之后，他的其他几个弟弟都受封去了诸侯国。周公最贤能，周武王便留他在身边，辅助自己治理全国，统筹大局。周武王在灭商的第二年，就去世了。此时周公已经有了封地鲁，但还没有就国。新登基的成王非常小，还在襁褓之中。周公恐怕天下听说武王去世的消息，会再次叛乱，因此决定代替成王，摄政当国。

分封在外的管叔和其他的弟弟在国都中散布谣言说：“周公这样做，是想取而代之，自己称王啊。”管叔带头这样说，是因为按照排行，管叔是周武王最年长的弟弟。如果成王幼小不能当国，按照曾经出现过的兄终弟及的惯例，管叔应该是王位的第一继承人。周公听到这个流言，先去找了当时最重要的两个大臣姜太公和召公奭，对他们说：“我之所以不避嫌疑代理国政，是恐怕天下人背叛周室，我没法向先王太王、王季、文王交代。三位先王为天下之业忧劳甚久，现在才刚刚成功，武王不幸早逝，成王又年幼，我暂时摄政，只是为了完成稳定周朝之大业。”他得到了两位重臣的认可，于是辅佐成王，命令他的长子伯禽代自己到鲁国受封。周公告诫伯禽说：“我是文王的儿子，武王的弟弟，成王的叔父，在全天下人中，我的地位应该很高了。但我洗一次头却要三次挽起头发，吃一顿饭要三次吐出正在咀嚼的食物，去接待来访的贤士。尽管我已这样做，仍然害怕因为对他们不恭敬，而失掉天下贤人。你到鲁国之后，千万不要因为地位高贵而骄傲，因而对贤士无礼。”

这时，管叔、蔡叔联合商纣的儿子武庚，率领淮夷造反。周公亲自东征，平定了叛乱，彻底稳固了周在东方的势力。周公在现在的洛阳建立了成周城，成为统治东方的中心。后来据说周王廷决定以陕这个地方作为分界，陕以东，由周公负责管理；陕以西，由召公负责管理。

汉画像石中的周公辅佐成王图

现在的陕西省名称，就由此而来。

周公执政七年，天下形势已定，成王也长大了，于是周公把政权又交还给成王。成王小时候得了病，周公为其祈祷，说："现在天下的命令，都是我下的，与成王无关。如果有什么过错，请降在我的身上。"后来成王的病果然好了。成王执政后，别人开始说周公的坏话，成王也觉得周公有点专权。周公听说了这个消息，就跑到了楚。后来，成王在宗庙里发现了周公在他小时候生病时的祷文，非常感动，又把周公召回国都。周公临终时要求把他葬在成周，以表明不离开成王的意思。成王心怀谦让，把他葬在毕邑，在文王墓的旁边，以示对周公的无比尊重。周公是后世为政者的典范，也是最初制礼作乐的人。孔子的儒家学派，把他的人格作为最高典范，儒家学派的最高政治理想就是周初的仁政，孔子终生倡导的也是周公的礼乐制度。

在周公之前，伊尹也有摄政的行为。据说商汤逝世之后，因为太子太丁早亡，未能继位，就立太丁的弟弟外丙为帝。外丙即位三年去世，外丙的弟弟中壬就成为了帝。中壬即位四年也去世了。于是商汤的儿子辈中就没有了合适的继承人选。重臣伊尹就拥立太丁之子太甲为帝。太甲，是成汤的嫡长孙。伊尹为谏训太甲，作了《伊训》、《肆命》、《徂后》。但太甲当政三年，昏乱暴虐，违背了汤王的法度，败坏了德业。因此，伊尹把他流放到汤的葬地桐宫。此后的三年，伊尹代行政务，主持国事，朝会诸侯。太甲看守桐宫三年，追思成汤的功业，深刻反省，学习伊尹的训词，逐渐认识了自己的过错，悔过迁善。当太甲改恶从善后，伊尹便适时亲自到桐宫迎接他，并将王权交给他，自己仍继续当太甲的辅佐。在伊尹的耐心教育下，太甲勤政修德，继承成汤之政，果然有了良好的表现。商朝的政治又出现了清明的局面，诸侯又都听从商的统治，百姓也过上了安宁的生活。于是，伊尹又作《太甲》三篇、《咸有一德》一篇褒扬太甲。

但是，伊尹的故事还有另外一个版本，是说伊尹实际上是篡位了，太甲积蓄了足够的力量之后，又攻回商都，将伊尹杀死。历代的摄政大臣，很少有做到周公那样的，往往都是自己篡夺了皇位。有些摄政大臣，不是皇族，比如曹操，做丞相时也以周公自居，写出了“周公吐哺，天下归心”的诗句。他自己虽然没有篡位，但却为后代登基铺平了道路。白居易有一首著名的诗作《放言》，来评价这些摄政的大臣：“赠君一法决狐疑，不用钻龟与祝蓍。试玉要烧三日满，辨材须待七年期。周公恐惧流言日，王莽谦恭未篡时。向使当初身便死，一生真伪复谁知？”

“周公吐哺”，出自《史记·鲁周公世家》：“我文王之子，武王之弟，成王之叔父，我于天下亦不贱矣。然我一沐三捉发，一饭三吐哺，起以待士，犹恐失天下之贤人。子之鲁，慎无以国骄人。”

十、大义灭亲

由于担心臣子对君主的威胁，后来的君臣伦理道德变更强调臣子对君主的忠诚，并以此作为对臣子教育的规范。“大义灭亲”的故事就是对臣子教育的一个最佳范例。

春秋初期，卫国的庄公娶了齐国太子得臣的妹妹为妻，这就是庄姜。庄姜长得很美却一直没有生育自己的孩子，卫国人为她写了一首诗，叫做《硕人》。后来，卫庄公又娶了一个陈国女子，名叫厉妫。厉妫生下了一个儿子孝伯，但不幸夭折了。她随嫁的妹妹戴妫也生了一个儿子，就是后来的卫桓公。庄姜把桓公当作自己的儿子。公子州吁是庄公宠妾的儿子，很受庄公宠爱。州吁喜好玩弄兵器，庄公不加禁止。庄姜却很讨厌州吁。

卫国的大夫石碏劝谏庄公说：“我听说，怜爱儿子，要教他规矩和道义，不能让他走上邪路。骄横、奢侈、放纵、安逸是走邪路的开始。产生这四种恶习，是由于过分的宠爱和过多的赏赐。如果您想立州吁为太子，就确定下来；如果还没有这种想法，留着他就会酿成祸乱。

受宠而不骄横，骄横而能安于下位，地位在下而不怨恨，怨恨而能克制的人，是很少的。况且卑贱妨害高贵，年轻欺凌年长，疏远离间亲近，新人压制旧人，弱小欺辱强大，淫乱破坏道义，这是六件背离道义的事。国君仁义，臣下恭行，为父慈爱，为子孝顺，为兄爱护，为弟恭敬，这是六件顺应道义的事。背离顺应道义的事，效法违反道义的事，会加速祸害的到来。作为统治民众的君主，应当尽力除掉祸害。而您现在却在加速祸害的到来，这大概是不行的吧？”卫庄公不听劝告。石碏的儿子石厚与州吁交好，石碏禁止他与州吁交往，但石厚不听。庄公死后，卫桓公继位，石碏也告老退休了。

果然第二年的春天，州吁作乱，杀了卫桓公，自己当上了国君。因为是弑兄篡位，品行又不好，州吁没有办法安定卫国的民心。于是，他的亲信石厚便向石碏请教，如何才能安定州吁的君位。石碏说：“如果他能受到周天子的接见，君位就能安定了。”石厚又问：“怎么才能朝见周天子呢？”石碏回答说：“现在陈桓公受到周天子宠信。陈国和卫国的关系和睦，如果州吁去拜见陈桓公，请求他向周天子请命，就一定能使州吁得到周天子的召见。”石厚听从了他的意见，也说服了州吁，并亲自跟州吁去了陈国。这时，石碏也派使者前往陈国，捎去了他的口信，说：“卫国地方狭小，我也年纪老迈，没有什么作为了。现在来朝见陈国国君的那两个人，正是杀害我们国君的凶手，请你们趁机设法处置他们。”陈国国君便将州吁和石厚抓住，并且请卫国人前来处置。这年九月，卫国派遣右宰丑前去，在濮地杀了州吁。石碏又派自己的家臣獳羊肩前去，在陈国杀了石厚。

后来的君子评价说：“石碏真是一位纯粹正直的臣子，他痛恨州吁作乱，把随同作乱的亲儿子石厚也一起杀了。所谓‘大义灭亲’，大概说的就是这种事情吧！”

“大义灭亲”，出自《左传·隐公四年》：“石碏，纯臣也，恶州吁而厚与焉。大义灭亲，其是之谓乎？”

知识窗十二

《左传》原名为《左氏春秋》，汉代改称《春秋左氏传》，简称《左传》。传闻是春秋末年左丘明为解释孔子的《春秋》而作。它起自鲁隐公元年（前722年），迄于鲁悼公十四年（前454年）。《左传》传文比《春秋》经文多出11年，实际记事多出26年。以《春秋》记事为纲叙事，其中有说明《春秋》书法的，有用史实补充《春秋》经文的，也有订正《春秋》记事错误的。这些都说明了《左传》与《春秋》的密切关系。《左传》既是中国古代史学名著，也是文学名著。

第四章，一家之亲

凡匹夫一介，尚不忘箪食之惠，况臣居宰相之位，同气之亲哉！

——《后汉书·东平宪王苍传》

一、炎黄子孙

中国人自称炎黄子孙。这个“炎”，就是炎帝，“黄”，就是黄帝。相传他们都是少典的儿子，后来黄帝的部落在姬水生存，炎帝的部落在姜水生存，两族便各以姬、姜为姓。这两个人都被称为华夏民族的始祖。他们二人和他们的臣子，几乎占有了人类发展初期的全部功绩。

炎帝部落的发展似比黄帝部落要早。炎帝的传说，多和人类与自然的斗争相关；而黄帝的传说，多涉及他对社会的构建，特别是战争。有人说炎帝就是神农氏部落。他教导人民使用火，又发明了农具，并用木头做了耜和耒，人民使用它们播种五谷。他还教会人们根据土地的肥沃程度，选择合适的作物耕种。他亲自品尝各种植物，辨明是否有毒性。他寻找甘甜的水源，使人们知道哪里适合居住。有时，他一天能吃到七十种不同的毒。总之，在与自然的斗争中，炎帝确实作出了杰出的贡献。

黄帝后来成为了汉族的至上神。关于他在人间的传说虽然不多，但我们也知道他发明了车。又传说他让仓颉创造文字，伶伦制作乐律，大挠制定历法，岐伯编写

黄帝

炎帝

医书。他的妻子嫘祖，发明了养蚕。更多关于黄帝的发明，则是在战争中出现的，比如指南车，比如轩辕剑。这说明黄帝部落是很重视且擅长打仗的。黄帝的突出功绩在于训练军队、团结部落、创立新制度、选贤任能。他采集各种原始的政治思想，创立官僚制度、德治传统、礼仪制度，积极招纳贤人并重用他们。黄帝部落发展起来的时候，正好是炎帝部落衰退的时候。这时黄帝带领部族，与炎帝部落发生了几场激烈的战争。这些战争没有被记载，但从后人的追述中，我们可以得知，炎帝比较擅长火攻，而黄帝比较擅长水攻。其中最出名的是阪泉之战。关于这场战争的记载也很少，只知道黄帝统领着以熊、罴、貔、貅、虎等猛兽为图腾的部落，打败了炎帝。于是炎帝部落与黄帝部落结盟，成为当时最强大的部族之一。炎黄二人，也成了华夏族共同的始祖。

黄帝和炎帝的传说起源很早。在后人追述夏代历史时就说："上天保佑大禹的部落，让他做了王，赐给他们'姒'姓，令他们以'有夏'为氏，这是说他们能使万物繁衍，使百姓富裕。上天还降福给四岳国，让他们做了侯伯，赐给他们'姜'姓，以'有吕'为氏，这是说他们能成为禹的股肱心膂，帮助大禹统治全国。夏代虽然灭亡了，但他们的后代还在杞国、鄫国；申、吕虽

炎帝升仙图

然衰亡了，但他们的后代还在齐国、许国。这些都是黄帝和炎帝的后代。”

从上面的记载可以看出，黄帝和炎帝是较早融合的两个相近的部落，但很难说出于同源。在二族的斗争中，黄帝族处于上风，炎帝族处于下风。但可能是因为黄帝要与更多的部落进行战争，所以没有消灭炎帝部落，而是同化了他们。因而后人也把炎帝列为共同的祖先。但之后的发展，就以黄帝部落为主了。所以在神话传说中，就没有太给炎帝面子。神话里的炎帝，显得非常懦弱，他的后裔也没有什么正面形象。据《山海经》记载，祝融和共工都是炎帝的子孙，而他们在后来的神话谱系中都是捣乱的神人。填海的精卫鸟也是炎帝的小女儿女娃所变。甚至有的书上说，蚩尤也是炎帝后裔。而与黄帝斗争的刑天，也是炎帝的部属。可见，炎帝族本身，最初与黄帝族并不相同，但因时间最为久远，他们两个已经成为中华民族的代表。

“炎黄子孙”，出自《国语·周语下》：“有夏虽衰，杞、鄫犹在；申、吕虽衰，齐、许犹在。唯有嘉功，以命姓受祀，迄于天下，及其失之也，必有慆淫之心间之。故亡其氏姓，踣毙不振；绝后无主，湮替隶圉。夫亡者岂繄无宠？皆黄、炎之后也。”

二、魑魅魍魉

黄帝战蚩尤，是黄帝统治时代最重要的一件大事。这是中国传说时代最重要的一次民族融合，也是神话传说中的著名篇章。按照历史学家徐旭生的分析，形成炎黄联盟的华夏族从陕西东迁，东迁的队伍仍然分为两支，黄帝在南，炎帝在北。炎帝部落迁到现在的河南山东一带，与蚩尤统治的东夷部落发生冲突，炎帝无法取胜，便请黄帝来支援。黄帝经过长时间艰苦战争，打败了蚩尤，融合了东夷，也占据了东夷的土地。

在这次战争中，神话中的著名人物蜂拥而出。蚩尤是东夷族的首领，有八十一（一说七十二）个氏族团结在他的周围。相传蚩尤长得非常凶恶，人身牛蹄，四目六臂，而且身体坚硬，铜头铁额。蚩尤族擅长制造兵器，制造了刀、戟和大弩。因此，在战争的初期，蚩尤凭借精良的兵器和强壮的身体素质，九战九胜。黄帝虽然有众多以猛兽为图腾的部落的帮助，但还是招架不住。

在蚩尤的队伍里，也有很多怪物助阵，其中就有魑魅魍魉这些小鬼。魑魅，长着人的脸，野兽的身子，有

汉画像石中的蚩尤形象

四只脚；魍魉，长得像小孩子，通身黑里透红，长耳朵，红眼睛，喜欢学人说话来迷惑人。黄帝的很多士兵被迷惑了，无法作战。但他们也有弱点，就是害怕龙的叫声。于是黄帝就命令兵士用牛角做成的号角，吹出龙的叫声。这些魑魅魍魉就退走了。这一回合，算是黄帝胜了。

但蚩尤还会作法，专门制造浓烟大雾，令黄帝很烦恼。黄帝请来一条有翅膀的神龙应龙，让他降水消除大雾，同时准备蓄水水攻蚩尤。蚩尤将计就计，请来风伯雨师，大纵风雨。这一战，黄帝损失惨重。黄帝只好请来天女魃（也有说她是黄帝的女儿）。这是一个旱神，她到的地方就会风停雨歇，这样才制住了蚩尤。

蚩尤还有飞翔的技能，黄帝担心，这样恐怕永远不能捉住蚩尤。他听说，击鼓声可以限制蚩尤的飞行技能。他就命人去东海的流波山上，逮捕了一只叫夔的野兽。这种野兽，形状像牛，但没有角，只有一条腿，能发出极大的吼声。黄帝正是看中了它这一点，于是把它的皮剥下来做了鼓皮。黄帝又注意到雷泽里的雷兽，它们一拍肚子，就发出一个响雷。黄帝也杀了它，把它的骨头做成鼓槌。

黄帝又得到一个人头鸟身叫做玄女的神仙传授兵法。同时得到了昆吾山上的一块红铜，用它打造了一把

宝剑。这把宝剑，切像玉这么坚硬的东西就像割泥一样简单。

最终，黄帝与蚩尤在涿鹿之野进行了决战。这时，蚩尤也请来北方的夸父族帮忙。这个夸父族，就是先祖有追日传说的民族。决战的初期，蚩尤便制造了一场大雾，持续了三天之久，黄帝的兵士都迷失了方向。这时，黄帝命令风后按照北斗七星指向北极星的原理，制造了一辆“指南车”，以分别东西南北，最终指引兵士冲进了蚩尤的营地。经过激烈的战斗，蚩尤战败，想要逃跑。黄帝敲响了战鼓，蚩尤果然从天空中落了下来，就这样被逮住了。黄帝捉住了蚩尤，给蚩尤戴上枷锁，用宝剑砍下他的头颅。蚩尤戴过的枷锁被扔在荒山上，化成了一片枫林，据说每一片血红的枫叶，都是蚩尤的血迹。黄帝担心蚩尤死而复生，就把他的头颅和身体分别埋在两个相隔很远的地方。

这场战争非常残酷，黄帝也受到很大的损失，因此想把怒气发泄到蚩尤的部族身上，要把他们赶尽杀绝，但因蚩尤部族人数太多，最终没有成功。这反而激起了蚩尤部族的反抗，他们退居到南方，仍然经常作乱。

黄帝与蚩尤族的融合，并不像黄帝与炎帝族的融合那么成功。但自此以后，苗族很多风俗和文化也融进了

蚩尤铜像（位于山东阳谷县蚩尤陵园内）

华夏族文化里。

“魑魅魍魉”，出自《左传·宣公三年》：“螭魅罔两，莫能逢之。”

知识窗十三

《路史》，南宋罗泌撰，共四十七卷。前纪九卷，后纪十四卷，国名纪八卷，发挥六卷，余论十卷。此书为杂史。路史，就是“大史”之意，取《尔雅》训“路”为“大”。它记述了上古以来有关历史、地理、风俗、氏族等方面的传说和史事，取材繁博庞杂,是神话历史集大成之作。《路史》一书，内容多取自纬书和道书，文章华丽且富于考证，言之成理。作者深惜孔子“删书”断自唐尧忽略上古史的传统，有意重建上古历史的发展脉络。

三、猛志常在

黄帝时期，最后一次大的战争发生在刑天与黄帝之间。刑天，他的本名已经失传。他本是炎帝的臣子，喜爱音乐。他曾为炎帝作过一首乐曲《扶犁》，又作过一首诗歌《丰年》，都是描述当时人民快乐的生活。这与神农氏的农业生产特色是相符的。

刑天在炎帝被黄帝收编之后，很不甘心。他想让炎帝来做首领。蚩尤与黄帝交战的时候，刑天甚至想劝炎帝反水，但炎帝没有同意。结果蚩尤和夸父都被黄帝打败了。刑天觉得此时黄帝部落非常虚弱，是一个好机会，便独自杀向黄帝大营。

刑天一手持斧，一手持盾，直接去向黄帝挑战。他一路杀了很多黄帝的部属，最终与黄帝直接交锋。黄帝刚经过一场大战，确实很虚弱，他边战边退，最后来到西方的常羊山附近。常羊山，相传是炎帝降生的地方。离这里往北不远，就是黄帝部族的聚居地轩辕国。在这里，黄帝得到了支援，阻挡住了刑天。黄帝趁刑天不备，一剑向刑天的脖颈砍去，砍下了刑天的脑袋。

刑天被砍下脑袋，却没有死亡。他只是忽然感到眼前一黑，什么也看不到了。他用手往脖子上一摸，才发现没了脑袋。他赶紧蹲下身来伸手向地上乱摸，准备找到脑袋再安上去。黄帝很怕刑天摸着了头颅，再接在脖子上。他赶忙提起手里的宝剑，向常羊山劈去。常羊山被一劈两半，刑天的头滚进了两山之间。又跟着轰隆隆一声巨响，大山又合二为一。刑天听到声音，知道已没有找回头颅的希望，他将身首异处了。他突然站起身来，一只手拿着板斧，另一只手拿着盾牌，向着天空胡乱挥舞。在旁人看来，没有头颅的刑天以自己的身躯为头颅，他的两只乳头就是眼睛，肚脐就是嘴巴。他终究还是没有成功杀死黄帝。“刑天”这个名字，也从此而来。刑就是砍，天就是首，刑天就是被斩首的意思。后来，陶渊明写了一首诗《读山海经》，里面有两句诗：“刑天舞干戚，猛志固常在。”“干”就是盾牌，“戚”就是大斧。

刑天失败之后，黄帝作为天下共主的事实基本就确定了。至此，我们回顾一下传说时代华夏族抟成的过程。最早的华族，出于昆仑之墟，后来有一支迁至姬水附近，这是少典部。少典部出了著名的领袖黄帝。黄帝与附近的可能与华族血缘较近的姜姓炎帝一族进行了阪泉之战。这场战争中，虽然黄帝一族一直处于上风，但由于某种原因，双方最后达成了盟约，黄帝与炎帝部族结合在一起。虽同样也尊炎帝为始祖，但统治者还是黄帝一族。结盟后二族东进，黄帝族的路线偏北，沿着陕西中部，东渡黄河，向东北走，进入山西河北一带；炎帝族沿着渭水东进，进入河南。大概在河南、河北、山东交界一带，他们遇到了长期活动在这里的蚩尤族。黄炎联盟与蚩尤族在涿鹿之野进行了大战，黄帝、炎帝联盟最终获得胜利，吞并了蚩尤族、夸父族和后来的刑天族。蚩尤和刑天身首异处的描写，可能是指将他们的族人分散迁徙到各处，使他们不能再次聚集作乱。之后，炎帝的后裔可能还有过反抗，比如炎帝的后代共工和黄帝的后代颛顼争夺帝位，但终究没有成功。再以后的历史，就是以黄帝一支为中心的发展历史了。甚至后来进入中原统治的游牧民族，如拓跋氏，在史书书写中也以黄帝为自己的始祖。华族建立夏朝，形成华夏族。后来，刘邦建立汉朝，在文化上统一诸夏，华夏族又发展成汉族，一直到现在。

“猛志常在”，出自晋陶潜《读山海经》：“精卫衔微木，将以填沧海。刑天舞干戚，猛志固常在。同物既无虑，化去不复悔。徒设在昔心，良辰讵可待。”

知识窗十四

《搜神记》，编撰者为东晋初年史学家干宝，全书共二十卷，共有大小故事四百余个。作者在《自序》中称："及其著述，亦足以发明神道之不诬也。"就是想通过搜集前人著述及传说故事，证明鬼神确实存在。所以，《搜神记》所叙多为神灵怪异之事，也有不少民间传说和神话故事，主角有鬼，也有妖怪和神仙，杂糅佛道。记载神鬼传说的典籍，除《山海经》、《淮南子》外，《搜神记》称得上是集大成者。

四、同气之亲

中华民族是重视家庭和亲属的民族。这是因为，中国最初的整个社会结构，就是亲族的“扩大版”。要使整个社会有秩序地运行，就必须要明确亲戚间的权利和义务。随着时代的变迁，我们现在对古代的亲属文化已经了解不深了。

亲戚是指和自己有血亲和姻亲的人。古代也用“九族”泛指亲属。“九族”的含义，主要有两种说法。一说是上自高祖、下至玄孙，即玄孙、曾孙、孙、子、己身、父、祖父、曾祖父、高祖父。这个九族涵盖面是比较小的，亲属关系上是父系亲属。另一说是四个父族、三个母族和两个妻族。四个父族是指自己一族（即第一种说法中的九族）、出嫁的姑母及其儿子、出嫁的姐妹及外甥和出嫁的女儿及外孙；三个母族是指外祖父一族、外祖母的娘家和姨母及其儿子；两个妻族是指岳父一族和岳母的娘家。这样看来，古代的株连九族就是最严酷的刑法了。

在明朝，还有一个“诛十族”的故事。明太祖朱元璋去世后，皇位传给了他的孙子朱允炆，即建文帝。朱元璋的儿子朱棣不服，要争夺江山，于是发起了“靖难之役”，成功篡位后，成了后来的明成祖。方孝孺是辅佐建文帝的重臣，也是著名的儒生，他有很多学生在朝廷和地方上担任重要职位。朱棣攻下南京后，想收服方孝孺，但方孝孺不从。朱棣请他代拟自己的登基诏书，他只写了“燕贼篡位”四个大字。朱棣问他：“难道你不怕死吗？”方孝孺回答：“要杀便杀，诏书我是不会写的。”朱棣又说：“难道不顾及你的九族吗？”方孝孺说：“不要说九族，诛十族我也不怕。”朱棣十分生气，真的在方孝孺九族之外又加上“门生”一族，凑成十族，

方孝孺像

统统杀掉，一共杀了八百多人。

最早详细记载亲属称谓的是《尔雅》中的《释亲》。《尔雅》是解释经书词义的一本专著，也是第一部按照词义系统和事物分类来编纂的词典。作为书名，“尔”是“近”的意思，“雅”是“正”的意思，在这里专指“雅言”，即在语音、词汇和语法等方面都合乎规范的标准语。“尔雅”的意思是接近、符合雅言，即以雅正之言解释古语词、方言词，使之合乎规范。但古代的标准语离我们现代语毕竟有很大不同，而且《尔雅》也过

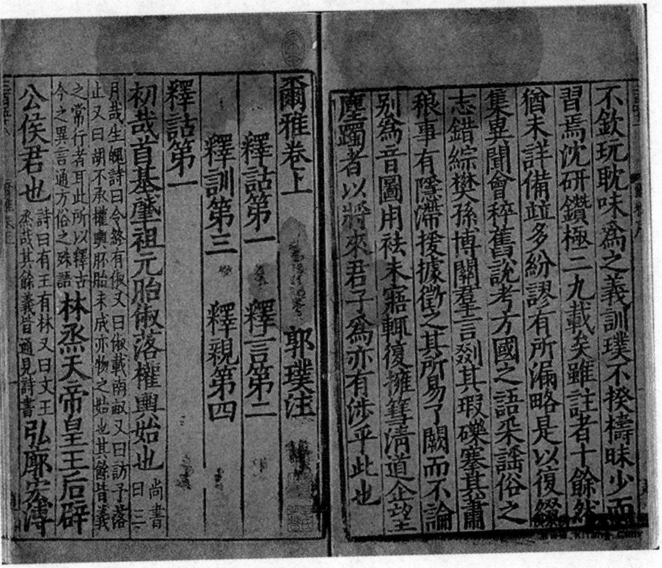
不欽玩耽味爲之義訓璞不揆檮昧少而
習焉沈研鑽極二九載矣雖註者十餘然
猶未詳備並多紛謬有所漏略是以復綴
集異聞會稡舊說考方國之語采謠俗之
志錯綜樊孫博關羣言剟其瑕礫搴其蕭
稂事有隱滯援據徵之其所易了闕而不論
別爲音圖用袪未寤輒復擁篲清道企望
塵躅者以將來君子爲亦有涉乎此也

爾雅卷上　郭璞注
釋詁第一　釋言第二
釋訓第三　釋親第四
釋詁第一
初哉首基肇祖元胎俶落權輿始也 尚書曰三月哉生魄詩曰令終有俶又曰俶載南畝又曰訪予落止又曰胡不承權輿胚胎未成亦物之始也其餘皆義之常行者耳此所以釋古今之異言通方俗之殊語
林烝天帝皇王后辟公侯君也 詩曰有王有林又曰文王烝哉其餘義皆通見詩書
弘廓宏溥

《尔雅》书影

于简略，因此不能使我们了解传统亲属关系的全貌。冯汉骥的《中国亲属称谓指南》，是非常全面介绍我们常用的亲属称谓及亲属关系的一本小书。

按照冯汉骥的研究，中国亲属的关系名词可以概括为四种基本类型，即核心称谓、基本修饰语、叙称修饰语和面称称谓。叙称修饰语用于非血亲关系，和我们生活相关的，主要是敬语。敬语里常用的有令、尊、贤等。令属于普遍称谓，如令尊、令堂等；尊多用于长辈，但现在常被令代替，常用的有尊夫人；贤多用于小辈，如贤侄、贤婿。面称称谓则是指只用于口语，代替书面语的称谓，如称呼祖父为爷爷、翁，称呼祖母为奶奶、婆婆，还有爸爸、妈妈、哥哥、姐姐等。

亲属称呼，主要由核心称谓和基本修饰语构成。核心称谓主要有祖、父、子、孙、母、女、兄、弟、姊、妹、伯、叔、姑、舅、姨、侄、甥等。这些称谓可以单独使用，加基本修饰语后，也都能指某一辈分属于这一关系的人。基本修饰语主要有两类，一类表代际，如高（第四代长辈）、曾（第三代长辈）、玄（第四代下辈）等；另一类表亲疏，现在常用的只有堂和表。“从”和“堂”是以父系为主的称呼，“堂”本身较“从”在亲属关系上更近一些，但现在“从”基本不使用了；“表”

由“外”发展而来，是以母系为主的称呼。比如祖父的兄弟的儿子，就是堂伯或堂叔，女儿就是堂姑；外祖父的兄弟的儿子和女儿就是堂舅和堂姨。而祖父和外祖父的姊妹的兄弟子女就都是表亲了。现在常用的，主要是在兄弟姊妹这个层面上。伯、叔的子女，是堂兄弟姊妹，因为与己身在父系血缘上是一支；姑、舅、姨的子女，是表兄弟姊妹，在父系血缘上，已经和己身不是一支了。在亲属称呼上，先确定他的辈分，再分堂和表，然后在堂和表的基础上，看是姑表、姨表还是舅表。比如父亲的姊妹的儿子，比己身年长，首先确定他是兄，然后父亲的姊妹是姑，因此他是己身的姑表兄。同理，母亲的姊妹比己身年长的儿子就是姨表兄。

现在我们对亲属的称呼没有古代那么麻烦，基本都用核心称谓——爷爷、奶奶、伯伯、叔叔、姑姑、舅舅、姨、哥哥、姐姐等代替，分不清亲疏远近。这说明在现代社会中，亲缘关系越来越被地缘等其他关系所取代。但细说起来，现在沿用古代的称呼数量仍相当不少。除父母、祖父母外，常用的父系长辈亲属称呼有：曾祖父（祖父的父亲）、曾祖母（祖父的母亲）、伯祖父（祖父的哥哥）、伯祖母（祖父的嫂嫂）、叔祖父（祖父的弟弟）、叔祖母（祖父的弟妇）、姑祖父（祖父的姐夫、妹夫）、

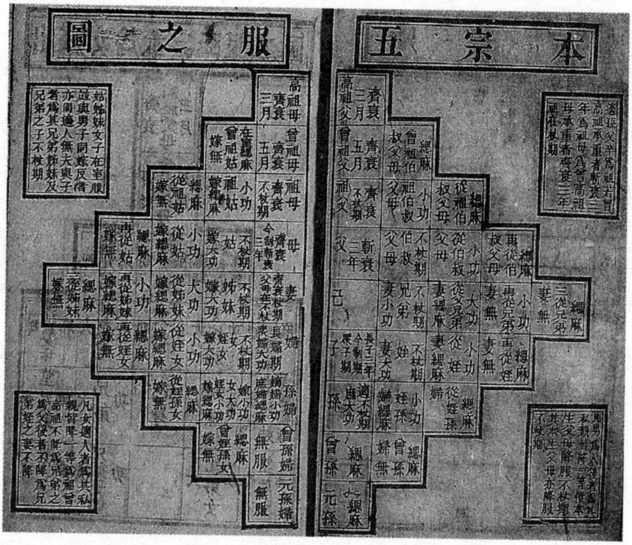

本宗五服之图

姑祖母（祖父的姐姐、妹妹）、舅祖父（祖母的哥哥、弟弟）、舅祖母（祖母的嫂嫂、弟妇）、姨祖父（祖母的姐夫、妹夫）、姨祖母（祖母的姐姐、妹妹）、伯（父亲的兄长）、伯母（伯父的妻子）、叔（父亲的弟弟）、婶（叔父的妻子）、姑（父亲的姊妹）、姑父（姑姑的丈夫）、堂兄弟姊妹（伯叔的子女）、表兄弟姊妹（姑的子女）等。

常用的母系长辈亲属称呼有：外祖父（母亲的父亲）、外祖母（母亲的母亲）、伯外祖父（外祖父的哥哥）、伯外祖母（外祖父的嫂嫂）、叔外祖父（外祖父的弟弟）、叔外祖母（外祖父的弟妇）、姑外祖父（外祖父的姐夫、妹夫）、姑外祖母（外祖父的姐姐、妹妹）、舅外祖父（外祖母的哥哥、弟弟）、舅外祖母（外祖母的嫂嫂、弟妇）、姨外祖父（外祖母的姐夫、妹夫）、姨外祖母（外祖母的姐姐、妹妹）、舅（母亲的兄弟）、舅母（舅的妻子）、姨（母亲的姐妹）、姨父（姨的丈夫）、表兄弟姊妹（舅和姨的子女）。

常用的姻亲称呼有公公（丈夫的父亲）、婆婆（丈夫的母亲）、岳父（妻子的父亲）、岳母（妻子的母亲）、儿媳（儿子的妻子）、女婿（女儿的丈夫）、嫂（兄长的妻子）、弟妹（弟弟的妻子）、姐夫（姐姐的丈夫）、妹夫（妹妹的丈夫）、大伯子（丈夫的哥哥）、小叔子（丈夫的弟弟）、大姑子（丈夫的姐姐）、小姑子（丈夫的妹妹）、大舅子（妻子的哥哥）、小舅子（妻子的弟弟）、大姨子（妻子的姐姐）、小姨子（妻子的妹妹）、连襟（姐妹的丈夫间互相的称呼或合称）、妯娌（兄弟的妻子间互相的称呼或合称）等。

“同气之亲”，出自《后汉书·东平宪王苍传》：“凡匹夫一介，尚不忘箪食之惠，况臣居宰相之位，同气之亲哉！”

知识窗十五

三国时期已有“三史”之称。“三史”通常是指《史记》、《汉书》和东汉刘珍等写的《东观汉记》。《后汉书》出现后，取代了《东观汉记》，列为“三史”之一。“三史”加上《三国志》，称为“前四史”。历史上还有“十史”之称，它是《三国志》、《晋书》、《宋书》、《齐书》、《梁书》、《陈书》、《魏书》、《北齐书》、《周书》、《隋书》合称。后来又出现了“十三史”。“十三史”包括了《史记》、《汉书》、《后汉书》和“十史”。到了宋代，在“十三史”的基础上，加入《南史》、《北史》、《新唐书》、《新五代史》，形成了“十七史”。明代又增加《宋史》、《辽史》、《金史》、《元史》，合称“二十一史”。清朝乾隆初年，刊行《明史》，加先前各史，总名“二十二史”。后来又增加了《旧唐书》，成为“二十三史”。后来从《永乐大典》中辑录出来的《旧五代史》也被列入正史，经乾隆皇帝钦定，合称“钦定二十四史”。1920年，柯劭忞撰《新元史》脱稿。1921年，大总统徐世昌把《新元史》列为“正史”，与“二十四史”合称“二十五史”。但也有人不将《新元史》列入，而改将《清史稿》列为“二十五史”之一。或者，如果将两书都列入正史，则被称为“二十六史”。

五、姓甚名谁

有了亲族之后，还需要有标志亲族组织的符号。这就是姓氏。

姓氏在上古时期就已经产生，如商王朝的国姓子姓，周王朝的国姓姬姓等。姓主要是一种族号，即代表有共同血缘、血统、血族关系的种族称号。最初，姓的作用主要有两点，即别种族和别婚姻。当时同姓的人，互相是不通婚的。后来随着社会发展，族群的范围越来越大，很多古老的姓丧失了它最初的功能，特别是别婚姻的作用不见了。姓逐渐被新兴起的族氏称号所代替。这些新的族氏称号的来源，有以居住地为名的，有以先祖名为名的，也有以官职为名的。这些新兴的族氏称号，还有了明世系的作用。他们的始祖都是可以追溯的明确的人，而不是神话传说中的神或半神半人的存在。

到了西周时期，随着分封诸国，周天子也赐一些姓氏给新分封的诸侯国人。姓和氏又分离开来。上古的姓，又恢复了别婚姻的功能；后来产生的族氏称号，不具备别婚姻的功能了，但具备了更多的政治含义，变成了宗族组织，形成了姓族——宗族——家族这样的三阶体系。这个时期，几乎所有的礼法活动，如婚姻、盟誓等，都围绕着姓氏制度进行。姓氏制度，也是宗法制度的基础。姓分别血缘的关系，百世不变；氏分别贵贱高低，特别是随着宗族的扩大，层出不穷。

随着世袭制度的崩溃、宗法制被破坏以及编户齐民制度的实行，姓氏再一次失去区别婚姻贵贱的功能。它们普及到了平民中间去，两汉之际，姓、氏也逐渐合一了。现在我们所说的姓，其实大部分来自于古代的氏，古代的姓是非常少的。

相对于公用的姓氏来说，名是每个人的代号。据说，名之所以产生，是因为天黑后，大家不能相认，于是各自起个代号。后来，人们发现了使用“名”的便利性，便逐渐通行起来。《周礼》上说，孩子出生三个月之后，就可以起名了。先秦，有的人可能没有氏，因为氏分别高低贵贱，但肯定每个人都是有名的。起名是一种个人行为，与个人的修养、爱好和当时的社会风气都有一定的关系。在姓氏合一之后，人们对命名更加重视。从历朝历代的命名习惯，也可以看出一定时期内的社会意识形态。比如汉朝道教风行，追求长寿，叫“延年”的人就很多；魏晋玄学大昌，人们起名多用“之”字，如王

明代所立诸葛武侯墓碑（现存陕西省汉中市武侯墓博物馆）

羲之、顾恺之等。研究名，也是非常有趣的事情。

字一般为古代有身份的人使用，而且都得到成年后才能取字。《礼记》上说："男子要到了二十岁，进行冠礼后取字，女子要到了十五岁，进行笄礼后取字。"取字的目的是为了让人尊重他，供他人称呼。一般人，尤其是同辈和属下，只许称尊长的字而不能直呼其名。古人基本上都是根据名的含义而取字的，主要依据有如下三种：第一种是同义反复。比如屈原名平，字原，广平为原；诸葛亮字孔明，亮才能明，等等。第二种是反义相对。比如春秋晋国大夫赵衰，字子馀。衰是减少的意思，馀是增多的意思。清代经学家王念孙，字怀祖。第三种是连义推想。比如赵云字子龙，就取云从龙之意；岳飞字鹏举，就取鹏程万里之意。后来的人偏向文辞上的修饰，有时取字也不依照这些规定。因为字往往是名的补充或解释，与名互为表里，故字又称作"表字"。民国以后，随着又一次的阶层变动，字渐渐就不用了，名、字也合一了，只指古代的名。

号也叫别称、别字、别号，也是为了表示尊敬。《周礼》说："号是为了尊敬他人所用的，是比名更美的称呼。"名和字往往是由尊长代取（特别是名），而号则不同，号初为自取，称自号；后来，才有别人送上的称号，称尊号、雅号等。号虽然起源很早，但到唐宋间才特别盛行起来，这是因为当时的伦理道德得到了强化，而且文学发达，讲究文雅。号多有寓意，比如欧阳修晚年自号“六一居士”，就是指“一万卷书，一千卷古金石文，一张琴，一局棋，一壶酒，一老翁”的意思。别人送的号，往往与当事人有名的轶事或作品有关，比如李白的“谪仙人”，近代著名京剧演员张英杰的“盖叫天”等。著名的人去世后，后人也会给他一个谥号，比如诸葛亮的谥号是武乡侯，现多称武侯，岳飞的谥号是武穆，现在也比较常用。由于号可自取和赠送，因此比较自由可变，以至许多人，特别是文人，有很多别号，多的可达几十个，上百个，造成很多不便。随着社会发展，近代以后，尤其新中国成立以来，文人用号之风大减。

总结来说，“姓”是家族的标志，强调血缘，“氏”指姓族中的某一支，分别贵贱。“姓”、“氏”只在先秦有分别，两汉之际基本合一。“名”和“字”分家一直到新中国之前，“名”和“字”互为表里。因为古人觉得直接称名不太礼貌，称呼“字”就比较礼貌。“名”基本上是由父母所起，“字”可以是成年之后自己所取，也可以是朋友赠与，而且一般有文化的人才会取“字”。至于“号”，自己可以起，以表达自己的志向、兴趣、爱好等，也可以是朋友赠号，或是后人追封。

“姓甚名谁”，出自元关汉卿《窦娥冤》：“兀那婆婆，你是那里人氏？姓甚名谁？因甚着这个人将你勒死？”

六、文昭武穆

宗法是以家族为中心、根据血统远近区分嫡庶亲疏的一种等级制度。这种等级制度，建立的基础就是亲族和姓氏。人类最初的团结，都是以血缘亲族为中心的。最初，就是以我们所说的九族为中心。但是这种情况下，团结的范围仍然不是很大，于是在此基础上，形成了宗法制。有了宗法，亲族团体里上下左右的人都能团结起来了。当血缘性的宗法被应用到政治生活中时，与宗法有关的亲族、姓氏也就有了政治色彩，可以别贵贱了。

从纵向来看，在超越九族的基础上，周代贵族把同族男子逐代先后相承分为“昭”和“穆”两种。祭祀时，始祖居中，昭辈在左，穆辈在右。古代有个词，叫做“文昭武穆”，形容子孙众多。这是因为文王是穆辈，武王是昭辈，文昭，就是文王的子孙，武穆，是武王的子孙。千万不要搞反了，以为文王是昭辈，武王是穆辈，这就闹笑话了。

在横向上，出现了“大宗”、“小宗”。在宗法制度里，最重要的一个人是“宗子”，也就是嫡长子。嫡长子，就是妻所生的长子，其他的妾所生的孩子，都称为庶子。嫡长子这一支，就是大宗，其他的嫡子和庶子一家，就是小宗。周天子死后，王位由嫡长子继承，其他诸子，一般都分封出去，做个诸侯。诸侯的嫡长子，继承诸侯位，在本诸侯国内是大宗，其余的兄弟，又是小宗。这个继承的方法，就是嫡长子继承制，即正妻所生的长子为法定的王位继承人。这是宗法制的核心，它为代际王位继承设定了一个标准。

夏朝时期，就已确立王位的世袭制，但有"父死子继"和"兄终弟及"的两种情况。这样王位的归属，始终没有一个统一的标准。这种情况延续到商末，渐渐形成了立嫡子的习惯，但并没有以制度形式确定下来。西周一开始就确立了"立嫡以长不以贤，立子以贵不以长"的嫡长子继承制，从而进一步完备了宗法制。这与周公还政成王的努力是分不开的。这种继承制度，虽然屡被后人诟病，但它却很直观，没有争议，继承者是确定的一个人。如果采取立贤，很容易引起纷争。嫡长子受关注和教育的程度最大，很多时候，嫡长子也都是贤良的。后来随着社会制度的演进，特别是近代以来，由于亲族关系的极度淡化，嫡长子继承制才在政治活动中基本消失。但在平民家族中，嫡长子的地位还是非常高的。后代的王朝基本按照嫡长子继承制来传承王位，但也有例外，比如没有嫡长子，或皇帝强行更改。如果是皇帝强行更改，这个时候就会有大臣反对，比如明代万历皇帝想换太子，就没有成功，还引发了明代后宫的几大奇案。清朝的时候，由于皇室有少数民族特征，储君由皇帝密定，出现了一段时间立贤的情况。但密诏制度起初也并不完善，所以才出现了所谓“九龙夺嫡”的故事。

因为有嫡长子继承制，所以在古代，“修身、齐家、治国、平天下”是一串连续的事。它的内在逻辑是“亲亲故尊祖，尊祖故敬宗，敬宗故收族，收族故宗庙严，宗庙严故重社稷，重社稷故爱百姓”，一国和一家，是一回事。所以，中国社会把“孝”看得很重，由孝到忠，是相通的。

最初，代际不多，大家都团结在一个宗族的周围。但五六代之后，情况就有了变化。《礼记》指出，一个因不是嫡长子而不能作为大宗的继承人者，须尊奉父亲的继承人为小宗；如果这个人的父亲也不是祖父的大宗继承人，则这个人还要尊奉其祖父的继承人为小宗；如果祖父也不是曾祖父的大宗继承人，则要尊奉其曾祖父的继承人为小宗；如果曾祖父也不是高祖父的大宗继承人，则要尊奉高祖父的继承人为小宗。按《礼记》的记述，继承高祖父的小宗，是关系最远的小宗。六世祖的继承人就不再是小宗之内了。一个小宗所涉及的，就是前后五代人。这在后来体现在丧服的制度上。丧服制度是居丧时的衣服制度，按照生者与死者亲疏远近，所穿的衣服和服丧的期限也不同。丧服分为五种，为斩衰、齐衰、大功、小功、缌麻。斩衰穿的衣服最破，服丧时间最长，因为这种服制体现的亲属关系最近，是父子、夫妻关系。依此类推，缌麻体现的亲属关系最远。不参与丧事的，就叫做“出五服”。这些出五服的，虽然也是族人，但

清代刻印的《钦定礼记义疏》

已并不是一个宗的了。

因此，小宗是“五世则迁”，即高祖父、曾祖父、祖父、父、己身这五代人。但也有“百世不迁”之宗，这个宗就是嫡长子所在的大宗。大宗的继承人，有收恤所有族人的义务；所有的族人，也有尊敬大宗的义务。这就把所有人团结在了一起，也是诸侯国虽然分封在外，但必须尊敬周天子的原因。

这种制度随着时间的延续被破坏掉了。大宗之子做了皇帝，分封自己的子孙兄弟，做了诸侯王，刚开始是亲的，过了几代就远了，连一个宗也不是了。况且诸侯国也有各自的利益，刚开始地广人稀，大家相安无事，还互相扶持；后来随着开疆扩土，边界连在一起，就有了冲突，就有了战争，就出现了兼并。丧失土地的贵族，就变成了平民。平民越来越多，宗法制社会也就渐渐变为平民社会了。亲属关系也出现了转变，姓氏也普及开来了，平民的宗族也逐渐增多。这都是互相联系的。

“文昭武穆”，出自《国语·晋语》：“康叔，文之昭也；唐叔，武之穆也。”

七、五侯蜡烛

亲戚们相聚在一起，往往是在过节的时候。中国有很多传统节日，以下我们将依次介绍其中四个：清明、端午、中秋和重阳。

清明本来只是二十四节气之一，在春分后十五日。这一时节，万物初生，大自然显得清洁明朗，所以叫做“清明”。本来只是为了方便农事安排，标志物候变化的节气，后来却逐渐演变成了踏青扫墓的节日。这是因为清明节融合了两个古代的节日：寒食节和上巳节。

最能提升清明节地位的是寒食节。寒食节是一个非常古老的节日，它的源头一说为远古时期的禁火节。禁火节起源于人类的火崇拜。古人的生活离不开火，但又对火的威能十分畏惧，便要祭祀火神。各家所用之火，每年又要止熄一次，然后再重新燃起新火，称为“改火”。改火时，要举行隆重的祭祖活动，将谷神稷的象征物焚烧，称为“人牺”。古人相沿成俗，便形成了后来的“禁火节”。这个禁火节，在西周时，规定是在每年春天的第二个月。但在一些地区时间却非常长，从冬至之后的

105 天，都不能举火，一直到清明节，才开始使用明火。这么长时间不能用火，给人们生活带来极大的不便，于是后来人们不断地缩短禁火时间。

到了汉朝，禁火节又转化为“寒食节”，用以纪念春秋时期晋国的名臣义士介之推。介之推是春秋时跟随晋公子重耳（即后来的晋文公）逃亡的大臣，对重耳不离不弃，忠心耿耿。重耳在取得侯位后，封赏了跟着他一起逃亡的随从，却把介之推给忘了。介之推也没有主动去争功。看着其他人纷纷去重耳面前请功，介之推的母亲提醒他：“你为何不也去求功？”介之推说：“明知道错误却去仿效，罪过更大。而且我既口出怨言，就不该吃国君的俸禄。”于是和母亲入山隐居，直到去世。重耳后来听说了介之推的事迹，对他多方寻找也没有找到，便把绵山作为封田封给了介之推，并说：“用此事来警示我的罪过，同时表彰介之推的义举。”可见，介之推是位有骨气也有脾气的士人。

后来，介之推的故事不断被丰富扩充，其中就增加了介之推“割股啖君”的故事。在重耳逃亡时期，有一天他非常饿，大家都找不到吃的，介之推便割了自己大腿上的肉给饥饿的重耳吃。这个故事充分说明了介之推在重耳十九年流亡生涯中的无私付出和无比忠诚。到了汉朝，出现了介之推被重耳烧山至死的传说。这个故事说重耳知道介之推隐居绵山之后，便等待他出山，但他不肯出山；派人去求访，又见不到他。周围人便进言，火烧绵山，一定能逼出介之推。结果，重耳真把山烧了，介之推也没有出来，就被大火烧死了。重耳为了纪念他，设立了寒食节。根据放火烧山设立寒食节的描述，我们也可猜想，清明节的出现也有可能是为了纪念古代大火星出现时放火焚田的远古习俗。

到了东汉，当时的并州（治所在今山西太原）刺史周举发现，当地为纪念介之推，士民冬日禁火一个月，老弱幼小者每年都有因冷食而病死的。周举作祭文祭告介之推，变革风俗，让百姓冬天不再禁火。曹操也曾下令取消寒食习俗。但是，晋朝统一全国以后，由于与春秋时晋国的“晋”同音同字，因而对晋地掌故特别推崇，就把纪念介之推的禁火寒食习俗又恢复起来，不过时间缩短为三天。同时，把寒食节纪念介之推的说法推而广之，扩展到了全国各地，于是寒食节就成了全国性的节日。大致到了唐代，寒食节与清明节合二为一。清明节流行扫墓，其实扫墓乃清明节前一天寒食节的内容。唐玄宗曾诏令天下：“寒食上墓。”因寒食与清明相近，后来就逐渐演变成清明扫墓了。

介之推墓（位于山西省绵山）

介之推的故事，符合各方的要求。统治阶层突出了介之推的忠诚，士人表达了对一种风骨品节的崇仰，民间更多是对介之推的同情。如果没有寒食节，没有介之推的传说，清明几乎不可能成为最受国人重视的传统节日之一。

清明节还融合了另一个古代节日——上巳节。上巳节原为三月上旬的第一个巳日，所以叫上巳。至于为何定到巳日，现在已无法考证。曹魏以后，这个节日固定在三月三日。最初设立这个节日的目的，可能与古代的火历有关。春季，指示农时的重要天体大火星现于天空，标志着冬天的离去。古代以阴历三月上旬的一个巳日为“上巳”，旧俗以此日在水边洗濯污垢，祭祀祖先，叫做祓禊、修禊。此后便成了水边饮宴、郊外游春的节日。《兰亭集序》描写的应该就是上巳节的春游。上巳节没有增加令人印象深刻的人文含义。后来由于历法变化，时间又与清明时节相近，所以上巳节慢慢就与清明节融合了。

现在到了清明时分，我们既缅怀逝去的祖先，也出门踏青欣赏大自然的湖光山色、春光美景，这就是融合了古代两个节日的结果。

“五侯蜡烛”，出自唐韩翃《寒食》：“日暮汉宫传蜡烛，轻烟散入五侯家。”

八、众醉独醒

端午节为每年农历五月初五。端午节的别称众多，可见这也是一个融合了多种传说与典故的节日。根据文献记载，端午节最初也是一个与时令有关的节日。端午节是夏至前后，太阳直挂中天，因此端午节又称“天中节”，它的起源与古代中国人对夏至的重视有关。成书于南北朝时期介绍中国古代荆楚地区岁时节令、风物故事的《荆楚岁时记》，并未提到五月初五日要吃粽子的节日风俗，却把吃粽子记在夏至节中。至于竞渡，《玉烛宝典》也把它划入夏至日的娱乐活动。

端午节最初在人民心中并不是一个好的节日。端午时值仲夏，天气热，人们容易得皮肤病，因此要清洁自身，祛除病患。据《大戴礼记》载，端午源于周代的蓄兰沐浴，“五月五日蓄兰为沐浴”，因此端午节又被称为“浴兰节”。民间又认为五月是毒月，民谣说：“端午节，天气热；‘五毒’醒，不安宁。”又因为古代“五”为重要的阳数，“重五”为极阳，古代人相信物极必反，认为从此以后，阴气开始上升。因此，端午节有插菖蒲、艾叶以驱鬼，薰苍术、白芷和喝雄黄酒以避疫，以五色绳装饰门户保佑家人的习俗。此外，还有一说认为吃粽子、赛龙舟都是吴越之地百姓祭祀龙的风俗。

而在节日由自然向人文转变时，端午节的形象发生了大逆转。端午变成了很多忠孝之人的忌日。根据《荆楚岁时记》记载，有三个故事都与端午节有关。首先是屈原。屈原是战国时期楚国的大夫，见闻广博，能力出众，通晓治理国家的道理，熟悉外交应对辞令。他起初也很受楚王重用，既参与谋划国事，又接待宾客，应酬诸侯。同时，他也非常有才华，有《离骚》、《天问》等著名

屈原祠（位于湖北省秭归县屈原故里）

作品，是伟大的诗人。然而，他不断被小人攻击，失去了楚王的信任，最后被放逐。他目睹楚国的衰败却无能为力，最后自沉汨罗江。以当时的社会风气，如果屈原愿意凭他的才能去游说诸侯，无论哪个诸侯都会接纳他，但他却选择了殉国这条道路。江南民间认为，屈原自沉汨罗江是在五月初五。据说，屈原自沉汨罗江后，当地百姓闻讯马上划船捞救，一直行至洞庭湖，却始终不见屈原的尸体。为了寄托哀思，人们荡舟江河之上，此后逐渐发展成为龙舟竞赛。百姓们又怕江河里的鱼吃掉他的身体，就纷纷回家拿来米团投入江中，以免鱼虾糟蹋屈原的尸体，后来就演变成了吃粽子的习俗。但这都是

现代的龙舟比赛

南北朝时期的传说了。

此外，又有一说认为江浙地区的端午竞渡是为了迎接已被当时人们视为涛神的伍子胥。伍子胥所在的时代要早于屈原，他是春秋时吴国的将军。伍子胥本是楚国人，但他的父兄均被楚平王所杀。后来伍子胥投奔吴国，依靠吴国的力量攻破楚都郢城。吴王夫差继位后，与越国作战胜利，越王勾践请和，夫差答应了他。但伍子胥建议，应彻底消灭越国。夫差没有听从。吴国大臣受越国贿赂，谗言陷害伍子胥，夫差相信了，于是赐给伍子胥宝剑令他自尽。伍子胥在死前说："我死后，将我眼睛挖出悬挂在吴都城门上，我要亲眼看看越国军队入城灭吴。"夫差闻言大怒，令取伍子胥尸体装在皮革里于五月五日投入大江。因此，端午节亦为纪念伍子胥之日。

东汉以后，五月初五日又附会上了曹娥的典故。此说出自东汉《曹娥碑》。曹娥的父亲于江中溺水身亡，数日不见尸体。当时曹娥年仅十四岁，昼夜沿江号哭。过了十七天，在五月初五日这天，曹娥投江，五日后找到了父亲的尸体。

从上面几则故事可以看出，人文化的端午节被附上了忠孝的成分，使得它成功转型，成为了重要的传统节日。而屈原的故事与伍子胥的故事异曲同工，只因为屈原的作品在文人圈中更有影响力，所以端午节就渐渐转变成纪念屈原的主要节日了。

“众醉独醒”，出自《史记·屈原贾生列传》：“举世混浊而我独清，众人皆醉而我独醒，是以见放。”

九、花好月圆

中秋节也是非常重要的传统节日。它最初也是与天象时令有关，同时也与古代人民对月亮的崇拜有关。在古代，天子亲自祭祀日月。《礼记》记载：“天子春朝日，秋夕月。”夕月就是祭月亮。到秋天，帝王就开始祭月、拜月了。也有说中秋节的起源和农业生产有关。农历八月，农作物和各种果品陆续成熟，大家就可以聚在一起享受收获的喜悦。

关于月的神话意象，主要有嫦娥、蟾宫、玉兔、桂树等。这些文化意象是非常成功的，因为它照顾到了男女各个方面，使得月亮在中国文化里长期占有特殊地位。蟾宫折桂的典故和嫦娥奔月的神话最具代表性。晋武帝泰始年间，有一名官员叫郤诜，被任命为雍州刺史。面见晋武帝时，晋武帝问他：“你觉得你自己怎么样？”郤诜说：“我就像月宫里的一段桂枝，昆仑山上的一块宝玉。”这便是“蟾宫折桂”的出处。蟾宫即月宫，即月亮之宫。唐代以后，科举制度盛行，“蟾宫折桂”便用来比喻考中进士。

嫦娥奔月的故事就更广为人知了。嫦娥是后羿的妻子，本是天神。后羿受帝俊之命，来人间教训帝俊作乱的十个太阳儿子，以便恢复人间秩序。没想到，后羿一下子射死了九个。帝俊发了怒，命令后羿和嫦娥不准返回天宫。后羿为了再次能够长生不老，去西王母那里求得了长生不老药。西王母的长生不老药，是足够后羿夫妇两人一同吃的，倘使只是一个人吃，就还有升天成神的功效。后羿回到家后，把药交给嫦娥保管，并告知嫦娥药的作用，希望择一个吉日，二人一同服下。嫦娥存着成神的私心，一个人在夜晚偷偷把药全部吃掉了，于是就飞到了月宫。因为嫦娥的美丽和月亮由缺而盈的变化很像女子怀孕的过程，因此中秋时节很多女子也纷纷

《汉画像石·嫦娥奔月》邮票

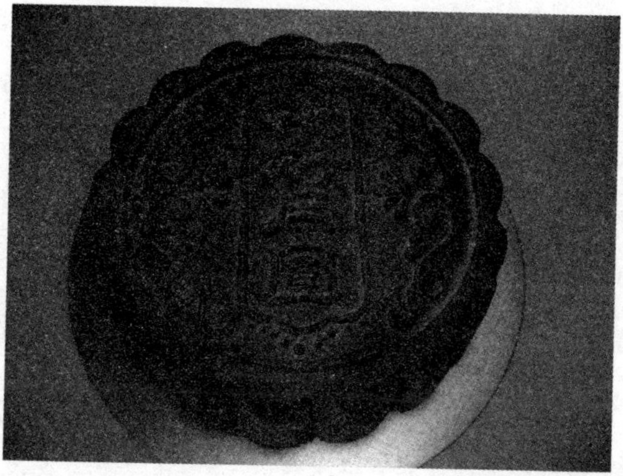

月饼

拜月，希望得到幸福美满的爱情与婚姻。相传，春秋战国时期，齐国丑女无盐，幼年时曾虔诚拜月，长大后入宫，未得宠幸。一次八月十五赏月，齐侯发现月下的无盐分外美丽，于是封无盐为皇后。不过，这显然是后人的附会了。

中秋节的定型，是在唐宋时期。唐宋时期，中秋是一个非常愉快有趣的节日，赏月、玩月颇为盛行，还有各种民间集会。宋代的《新编醉翁谈录》记述拜月之俗："倾城人家子女，不以贫富，自能行至十二三，皆以成人之服服饰之，登楼或于中庭焚香拜月，各有所期：男则愿早步蟾宫，高攀仙桂。……女则愿貌似嫦娥，圆如皓月。”中秋节大家都吃月饼。月饼最初只是军粮，后来才成为民间食品。中秋节和团圆联系起来，似乎最早出现于南宋，这大概和宋代以来的战乱有关。而中秋节另称为“团圆节”，则一直到明朝才见于记载。中秋祭祀月亮之后，由家中长者将月饼按人数分成小块，每人一块；如有人不在家，也为其留一块，表示合家团圆。后来，拜月的习俗越来越少，团圆则成了中秋节最重要的文化含义。

“花好月圆”，出自宋晁端礼《行香子·别恨绵绵》：“莫思身外，且斗尊前，愿花长好，人长健，月长圆。”

十、明日黄花

重阳节也是一个非常古老的节日，在农历的九月初九。它也与时令有着密切的关系，但是由于后期人文化转型不好，现在不如上述三个节日那么受重视。

重阳节的来源之一是古代祭祀大火星的仪式。作为古代重要气候标志的“大火星”，在季秋九月隐退。《夏小正》称“九月内火”。大火星的退隐，意味着寒冬的到来。因此，一如其出现时要有迎火仪式那样，其隐退时人们也要举行相应的送行祭仪。汉代的《西京杂记》称：“三月上巳，九月重阳，使女游戏，就此祓禊登高。”上巳与重阳的对应，是以大火星出没为依据的。又因为秋季是丰收的季节，大家也有余力来进行祭祀活动。随着人们对时间有了新的认识，“火历”让位于其他历法，九月祭火的仪式也就渐渐消失了。还有一说类似于中秋的起源，是指重阳节也是起源于秋季收获之后，大家举行庆祝丰收的宴会。

“重阳”之名，来自于古代的数术哲学。三国时期的《九日与钟繇书》中记载：“岁往月来，忽复九月九日。九为阳数，而日月并应，俗嘉其名，以为宜于长久，故以享宴高会。”九是古代最大的阳数，九月九日这一天，不论日子还是月份，都是极阳；“九”又与“久”同音，民间认为宜于长久，所以庆祝这个节日。然而，由于古人的物极必反思想，重阳之后马上进入冬季，阴气胜过阳气，所以与端午节类似，重阳节最初也被一些地区视为恶日。这其实都是古人认识到换季时节，身体抵抗力下降，易得病的结果。

关于重阳的传说，只有一条较为著名。南朝时期《续齐谐记》记载，东汉时期，汝南人桓景跟随道士费长房游学多年。一天，费长房对他说：“九月九日，你们家中有灾祸。你赶紧回去，让你的家人各自做一个布囊，里面盛上茱萸，系在胳膊上，登到高处饮菊花酒，才可以祛除灾祸。”桓景听了师傅的话，领着全家去登山。傍晚回到家，发现家里的鸡、犬、牛、羊全都毙命了。费长房听说后说：“你家的牲畜是替你的家人承受了灾祸。”汉代的《西京杂记》记载当时习俗说：“九月九日，佩茱萸，食蓬饵，饮菊花酒，云令人长寿。”相传自此时起，才有了重阳节求寿之俗。

重阳节的代表性活动有插茱萸、登山、喝菊花酒、赏菊等。茱萸香味浓，有驱虫去湿、逐风邪的作用，并

清代石涛所绘《九月九日忆山东兄弟诗意图》

能消积食，治寒热。登山使人心旷神怡，也使身体得到锻炼。菊花象征着长寿。庆祝重阳节的活动，以唐宋最为鼎盛，一直延续到清代。唐代诗人王维的《九月九日忆山东兄弟》，是有关重阳节的名篇。其诗曰：“独在异乡为异客，每逢佳节倍思亲。遥知兄弟登高处，遍插茱萸少一人。”近代以来，由于重阳节没有令人印象深刻的历史人文内涵，知名度便逐渐下降了。

20 世纪 80 年代开始，中国一些地方把农历九月初九日定为老人节，倡导全社会树立尊老、敬老、爱老、助老的风气。中国政府在 1989 年将每年的这一天定为“老人节”、“敬老节”。2012 年 12 月 28 日，全国人大常委会表决通过新修改的《老年人权益保障法》明确规定，每年农历九月初九为老年节。

“明日黄花”，出自宋苏轼《九日次韵王巩》：“相逢不用忙归去，明日黄花蝶也愁。”

第五章，诸子光辉

子曰：“有教无类。”

——《论语·卫灵公》

一、礼崩乐坏

中国上古的学术，现在已经不容易考证清楚了。根据后来的史料，有两个基本点可以确定：一是古代的学术和宗教是一体的，二是古代的学术是贵族所特有的。

上文中我们说过，在商周时期，宗法制是最为重要的国家制度。封邦建国，形成国家，实际上就是家族的扩大。宗庙里祭祀的排位，就是贵族间地位高下的区分。祭祀是国家的大事，逢大祭之时，天子依礼主持祭祀，诸侯从旁助祭，祭祀之后举行宴会，联络感情。

古代的学术，最初也只有一个“礼”。宗庙里主要有三类官员负责礼乐。“宰”是宗庙常务性主管，“相”主要掌管礼节，“祝”主要负责祭祀，兼管观星授时，占卜吉凶等。这些主事者都可以笼统地称为史官。祭祀时有歌颂，有祈祷，有盟誓。这些保存下来的颂词、祷文、盟书以及祖先相传的灾异及说明等，就形成了后来的历史。据说孔子整理的六经也是这种学问的遗存。这种“礼”，本身是一种祭祀仪式，后来逐渐被推广为古代贵族的生活方式和习惯，因此生活中就带有了宗教和

战国初期曾侯乙编钟

政治的色彩。古代贵族少年，就是跟从宗庙的这些人读书问学。

后来产生的“非礼”，基本是诸侯生活奢侈僭越的结果。一方面，随着生活水平的提高，贵族不断增加、升级一些礼文；但另一方面，他们又对礼文不加以重视，疏于学习。这样一来，在贵族之中就逐渐出现了最初的学者，也即后来的游士。在这种分离的过程中，往往知礼的、有学问的贵族地位比较低下，而不知礼的、没有学问的贵族却处于上层。

随着周人对礼渐渐不再重视，内部血缘纽带逐渐瓦解，也就导致了西周灭亡。周平王从镐京迁往洛阳，历史进入春秋时期。此时社会由“礼乐征伐从天子出”变成了“礼乐征伐从诸侯出”，这种现象被称为“礼崩乐坏”。儒家认为，社会政治走上正常轨道的时候，天子就来制定礼乐制度，诸侯有不遵守这个制度的，天子就来发号施令进行征伐。社会政治混乱了，诸侯就自己制定礼乐制度，有征伐的事儿诸侯自己就决定了。因此，他们学派的目的就是“复礼”。复礼就要先从自己做起，就发展到了“克己复礼”。

礼崩乐坏之后，首先是属于周天子的史官逐渐分布流散于列国，然后游士逐步兴起，王官之学逐渐流传到民间，成为新兴的百家之学。时代的变化使得各诸侯好恶不同，但最终都趋向重新统一。投其所好的游士主动找上门来，从不同侧面展开论述，因各有侧重而发展出具有不同特色的文化分支。这就是诸子之所以出现的原因，也是为何中国诸子大多与政治关系紧密的原因。

当时的很多学者也缅怀过去“道出于一”的时代。比如《庄子》就认为现在天下大乱，贤王不现，道德败坏，天下学者多以一孔之见而自我欣赏。这就相当于耳目鼻口，它们虽然各有固定的功能，但却不能互相通用。诸子百家各自所提倡的技能，虽然各有所长，时有所用，但不完备，不全面，这种行为是割裂天地的完美，离析万物的道理，把古人完美的道德弄得支离破碎。从此以后，百家各行其道而不回头，必定不能相合。后世的学者就不能见到天地的纯真和古人的全貌了，道术将被天下的分裂所割裂。

“礼崩乐坏”，出自《论语·阳货》：“三年之丧，期已久矣。君子三年不为礼，礼必坏；三年不为乐，乐必崩。”

二、九流十家

到了汉代，人们回顾诸子百家的历史时，试图对当时学术进行一次分类总结。比较有代表性的是司马谈和刘歆两家的总结。

司马谈是写作《史记》的司马迁之父。《史记·太史公自序》里引用了司马谈的一篇文章，叫《论六家要旨》。司马谈忧虑当时的学者不能通晓各学派的要义，于是总结论述阴阳、儒、墨、名、法、道六家的要旨。他认为六家殊途同归，都是为了达到太平盛世，并引用《周易·系辞》说："天下人追求相同，但具体谋略却多种多样；目的相同，但采取的途径却不一样。"

司马谈首先提到的是阴阳家。阴阳家是按照中国古代阴阳二气的哲学思想和春生、夏长、秋收、冬藏等自然界的重要规律发展起来的一个学派。司马谈认为阴阳家的弊端是禁忌避讳很多，使人受到束缚并多有所畏惧；但阴阳家关于一年四季运行顺序的道理，是不可丢弃的。

第二是儒家。儒家以孔子为首，以《诗》、《书》、《易》、《礼》、《春秋》、《乐》为教材传授古代文化，

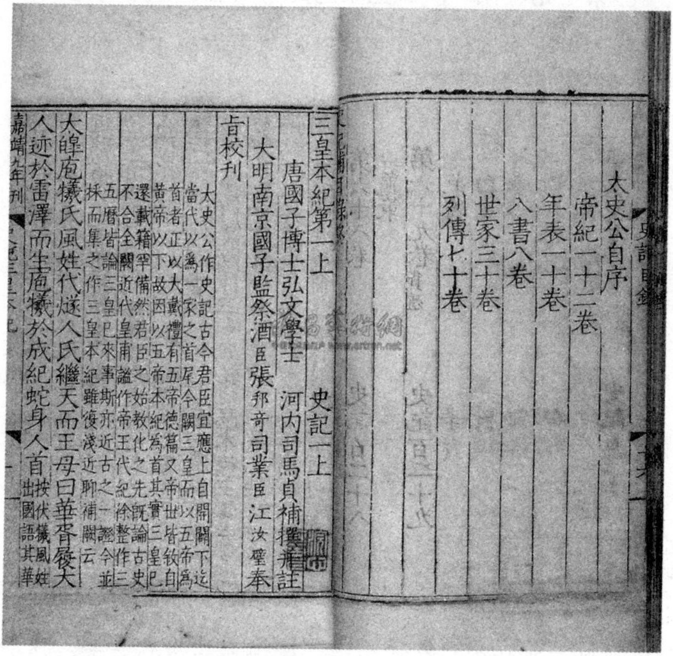

太史公自序
帝紀一十二卷
年表一十卷
八書八卷
世家三十卷
列傳七十卷

三皇本紀第一上　史記一上
唐國子博士弘文學士　河內司馬貞補撰并註
大明南京國子監祭酒臣張邦奇司業臣江汝璧奉
旨校刊
太史公作史記古今君臣宜應上自開闢下迄當代以爲一家之首今闕三皇而以五帝爲首者正以大戴禮有五帝德篇又帝世皆叙自黄帝以下故因以五帝本紀爲首其實三皇已還載籍罕備然君臣之始教化之先既論古史不合全闕近代皇甫謐作帝王代紀徐整作三五曆皆論三皇已來事斯亦近古之一證今並採而集之作三皇本紀雖復淺近聊補闕云
太皞庖犧氏風姓代燧人氏繼天而王母曰華胥履大人迹於雷澤而生庖犧於成紀蛇身人首 按伏犧風姓出國語其華
嘉靖九年刊

《史记》书影

是古代文化遗产的保存者。儒家典籍众多，学说广博，但很少抓住要领，花费了力气却功效甚微。但儒家提倡君臣父子之礼，夫妇长幼之别，是有序的社会不能动摇的纲领。

第三是墨家。墨家也崇尚尧舜之道，但形容他们的品德则过度提倡俭啬，使得贵贱尊卑没有了区别。但墨家学说的要旨是强本节用，则是人人丰足、家家富裕之道。这是墨子学说的长处。

第四是法家。法家的特点是不区别亲疏远近，不区分贵贱尊卑，一律依据法令来决断，这与中国传统的亲亲属、尊长上的伦理要求有严重冲突。因此，法令可作为一时之计来施行，却不可长用。但是法家最大的长处是可以使君主尊贵，使臣民卑下，使上下名分、职分明确，不得相互逾越。

第五是名家。名家的概念苛细烦琐，纠缠不清，一切讨论皆取决于概念名称，却抛弃了一般常理。但若要对名称与实际进行比较验证，辩正名与实的关系，则是必须要对名家认真考察的。

最后是道家。司马谈认为道家使人精神专一，行动合乎无形之“道”，使万物丰足。道家讲“无为”，又说“无不为”，实际主张容易施行，但文辞则幽深微妙，难以明白通晓。其学说以虚无为理论基础，以顺应自然为实用原则。在司马谈的叙述体系中，道家之术是依据阴阳家关于四时运行顺序之说，吸收儒墨两家之长，兼取名、法两家之精要的集大成之术。

对于先秦诸子学说的梳理，更广为流传的是刘歆的分法。刘歆是东汉时期的大学者，他跟随他的父亲刘向整理东汉皇家图书时，将整理的结果分类写成书目，名为《七略》。这部书后来亡佚了，但因是《汉书·艺文志》的基础，所以现在我们通过《汉书·艺文志》还能略窥其一斑。

刘歆认为，诸子学说，都是兴起于王道衰微、诸侯力争之时。当时的君主，好恶各不相同，所以九家之说蜂拥而出，各自发展古代学术的一个方面，把它推崇到极致，来取悦诸侯。九家之言虽然不同，甚至表面看上去势如水火，但实际是相辅相成、殊途同归的。这些百家之学，实际上都出自古代的王官之学。这些以私人身份教授诸生专门知识的王官，也就变成了“师”的开端。

儒家出自当时的司徒之官，是帮助君主施行教化的。他们以六经为教材，主张仁义，以尧、舜和周文王、周武王为榜样。道家出自于史官，因为他们记载成败存亡、祸福古今的道理，因此明白明哲保身、大智若愚、无为又无所不为的道理，适合君王执政使用。阴阳家出自天文之官，他们观察日月星辰，敬授民时，顺应天理，是他们的长处。法家出自理官，以赏罚辅佐礼制。名家出自礼官，古代名位不同，礼数也不一样，只有名正才能言顺。墨家出自清庙之守，贵俭、兼爱、尚贤、崇拜鬼神、希望人人地位平等是他们的长处。纵横家出自行人之官，他们掌管着外交权力，因事制宜、随机应变是他们的长处。杂家出自议官，他们于各家都兼采，没有什么偏颇，是他们的长处。农家出自农稷之官，他们播百谷，劝耕桑，

《汉书》书影

以满足人们最基本的衣食需要。小说家出自稗官，他们收集街谈巷语、道听途说，编成故事；这虽不是君子应该重视的大道，但也有可取之处。

以上的儒家、道家、阴阳家、法家、名家、墨家、纵横家、杂家、农家和小说家就是刘歆分类的“十家”，前六家与司马谈所论六家是相同的。由此可见，前六家还是古代“师”最初的雏形，后四家有可能是战国时期慢慢形成的。因此在下文中，我们只谈前六家的故事。刘歆还认为，诸子十家里面，可以学习的只有前九家，小说家不入流。因此，前九家又被称为“九流”，后来泛指世上一切学术。“三教九流”的“九流”，就是这九家。

“九流十家”，出自《汉书·艺文志》：“诸子十家，其可观者九家而已。”《汉书·叙传》：“刘向司籍，九流以别。”

知识窗十六

三教九流，泛指中国古代的宗教与各种学术流派。《白虎通·三教》中说："教所以三何？法天、地、人，内忠、外敬、文饰之，故三而备之。"汉代儒学家认为夏代崇尚忠，商代崇尚敬，周代崇尚文，他们把夏、商、周三代所崇尚的忠、敬、文这些道德规范与礼仪文饰，总称为"三教"。东汉初年，佛教传入中国，与本土儒教、道教发生论战。公元573年，北周武帝亲自召集百官及沙门道士等"辨释三教先后"问题，最后作出了"儒教在先，道教次之，佛教在后"的结论。从此，我们说"三教"通常即为儒、道、佛，"九流"就指儒家、道家、阴阳家、法家、名家、墨家、纵横家、杂家、农家。

三、有教无类

孔子是我国历史上第一个以私人身份教学的人，也是儒家的创始人。孔子的先人原是春秋时期的宋国人，他的先人也是贵族，后来逃难到鲁国，孔子就在鲁国出生。孔子家族虽也是贵族，但只处于贵族阶层的底层。孔子年轻时曾在贵族家里做官，管理过仓库，也饲养过牛羊。他也趁着在贵族家工作的机会学习贵族阶级的各种礼文。他非常好学，古书上记载他曾向当时的学者郯子问官制，向周王室的图书管理人老聃问礼。周王室东迁之后，西周藏在丰京和镐京的典籍，都因为战乱荡然无存了。东方的诸侯国，只有鲁国保存周代礼乐最为完好。孔子在鲁国居住，对他学术水平的提高也很有帮助。按照传统的说法，孔子教授过几千个学生，其中有七十余人成为了当时有影响力的贤人。

孔子不仅懂得当时流行的礼，还能注意到礼的沿革过程和本源。孔子认为，礼最重要的功用还是在祭祀场合，这本原于人类的孝悌之心，推广这个孝悌之心，就是“仁”。仁的主要表现就是“忠恕”，“忠”是积极地鼓励人类合作，“恕”是消极地弥合人类冲突。这样，孔子就把仁看做是维持社会运转的最高法则。孔子还强调名实符合的重要性，认为名正才能言顺，言顺才能事成。在社会关系中，每个名都含有一定的责任和义务，拥有这个名的人，都必须履行他们相应的责任与义务，这样社会才能很好地运转下去。

孔子在鲁国最高做到过司寇一职。他反对当时的大夫执政且僭越礼法，主张削减当时掌权的季孙、叔孙、孟孙三家的封邑，但他的抱负并没有得到实现。自此以后，孔子出游卫、宋、陈、楚等国，历经十四年，才返

北京国子监孔子铜像

回鲁国。孔子周游诸国，其理想并不在成为某一家、某一国的主事，而是谋求实现如西周早期那样的政治统一和文化一统的天下一家。他这种游士精神，为春秋战国后起诸家所继承，最终传成了一个大一统的中国。在周游列国之时，孔子也携带并招收了大量学生。因为他抱有改革天下的宏愿，因此在政治活动之外非常重视教育。他在早年就有很多学生，周游列国返鲁之后，更是专心著书育人。他的政治活动基本上以失败告终，但是对教育事业却产生了极大的影响。

在教育对象问题上，孔子明确提出了“有教无类”的思想。“有教无类”的意思是不分贵族与平民，不分国界与华夷，只要有心向学，都可以入学受教。在先秦人性论中，孔子认为人有善有恶，可以通过教育而改变。孔子提出，人性分为上、中、下三品，上智和下愚不可变动，唯有中人可以通过教育，达到上层。上智与下愚之民少，中庸之民多。中人在这个世上，就像铜在火炉里，是根据规范而变化的。基于人皆可以通过教育成才成德的认识，孔子作出了“有教无类”的论断。孔子教育学生的教材，是《易》、《诗》、《书》、《礼》、《乐》、《春秋》六部经典。这些经典都是西周时期的典籍，孔子并不是它们的作者。孔子对这些经典的态度，是“述而不作”，即他对这些经典的古代文化遗产不进行改编创作，而是给弟子们解释。这种“以述代作”的行为，为后来儒家所传承，成为中国经学最主流的“注疏”之学的滥觞。孔子去世以后，他的弟子们把他的言论编为《论语》一书，孔子的思想基本都体现在这本书里面。

孔子是将贵族学问传播到民间的第一人，也是把古代贵族宗庙里的知识变成人类社会共享的学术事业的第一人。在中国历史上，孔子的地位一直很高，甚至在汉朝一度成为“素王”，即未登基的国王。汉儒认为孔子作《春秋》，是为汉代的皇帝立法，这样孔子的地位比皇帝还要高了。这种神化孔子的行为因为政治上的失败，

孔子

并没有持续多久。但孔子作为中国的第一位老师，继承了古代文化并使之流传永久，使得他足够配上“至圣先师”这一称号。

“有教无类”，出自《论语·卫灵公》。

知识窗十七

“孔门四科”指儒家教育的分科。关于它的内容，有两种说法，一是《论语·述而》载曰：“子以四教：文、行、忠、信。”因此，后世遂有人认为“孔门四科”指“文、行、忠、信”四个方面。二是将德行、政事、文学、言语，视为“孔门四科”，其依据是《论语·先进》：“德行：颜渊，闵子骞，冉伯牛，仲弓。言语：宰我，子贡。政事：冉有，季路。文学：子游，子夏。”

四、反求诸己

孔子去世以后，贵族阶级的堕落腐化越发严重。当时的儒家，因为无力推翻他们，所以不得不受他们的供养。比如曾子受季孙氏的尊养，子夏为魏文侯的老师。魏文侯篡位，季孙氏擅权，按照儒家的观点，都应该被打倒。这样，儒家逐渐形成了一种清高的态度，与孔子的初衷绝异。

这种“变态”的士礼，直到战国时期的孟子才开始扭转过来。孟子，名轲，战国时期邹国人。孟子曾经跟随子思的弟子学习，而子思就是孔子的孙子。当他通晓孔子的道理之后，便去游说齐宣王，但齐宣王没有任用他。后来又到魏国，魏惠王也没有接受他的言论道义，反而认为他不切实情，远离实际。因为当时各诸侯国都在实行变革，秦国任用商鞅，使国家富足，兵力强大；楚国、魏国也都任用过吴起，战胜了一些国家，削弱了强敌；齐威王和宣王任用孙膑和田忌等人，国力强盛，使各诸侯国都来朝拜齐国。当各诸侯国正致力于“合纵连横”的攻伐谋略，把能攻善伐看做贤能的时候，孟子

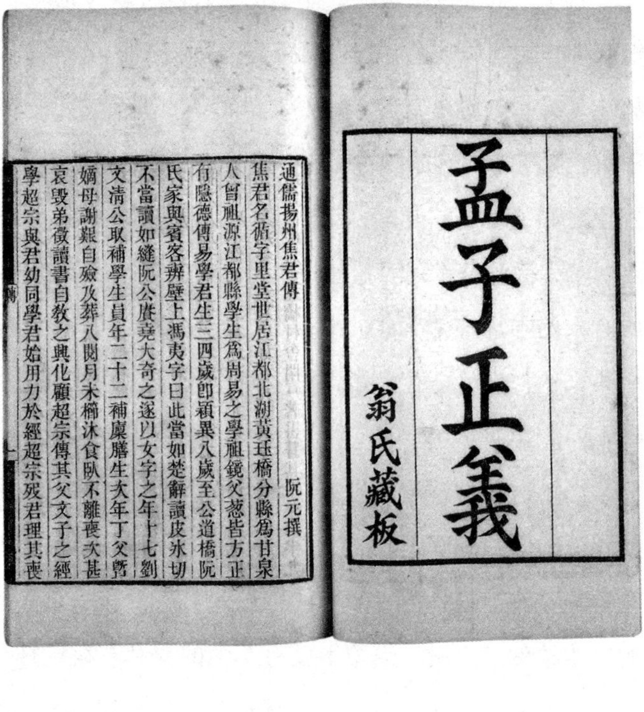

《孟子正义》书影

却称述唐尧、虞舜以及夏、商、周三代的德政，完全不符合他所周游的那些国家的需要。于是孟子就回到家乡，与弟子万章等人整理《诗》、《书》，阐发孔子的思想学说，写成《孟子》一书，共七篇。

孟子认为人性是善的，他觉得“人皆可以为尧舜”。他认为，同情的恻隐之心，人都有；羞耻之心，人都有；辞让（另一处说是恭敬）之心，人都有；是非之心，人都有。恻隐之心，是仁的开端；羞耻之心，是义的开端；辞让之心，是礼的开端；是非之心，是智的开端。人有这四端，就像身体有四肢一样，都会自然地扩充发展它。所有人的本性中都有此“四端”，若充分扩充，就能变成儒家的仁、义、礼、智四种“常德”。这也是人与禽兽不同的地方。

由于这种性善论的思想，孟子非常推崇仁政。他把治道分为王道和霸道，圣王的治道是通过道德指示和教育，霸主的治道是通过暴力的强迫。君若没有圣君必备的道德条件，人民在道德上就有革命的权利。在这种情况下，即使杀死了君主，也不算弑君，只是相当于杀了一个普通的人。按照孟子的说法，君主若是不按照理想的君道做事，他在道德上就不是“君”了。按孔子的正名说法，他只是一个普通人。孟子还说：“民为贵，社稷次之，君为轻。”这是中国最早的民本思想。

行王道，是圣王发展他自己的“恻隐之心”的结果。孟子说：“人皆有不忍人之心。先王正是有了不忍人之心，才有了不忍人之政。”这里的“不忍人之心”与“恻隐之心”是相同的。孟子见齐宣王时，齐宣王说，我看到一头牛被人牵去做祭祀的牺牲，心中就非常难受，因此下令用一只羊替换牛。孟子说，这就是大王“不忍人之心”的实例，如果能推行到政事上，宣王就是在行王道。宣王说，我做不到，因为我有毛病，贪财好色。孟子说，每个人都贪财好色，如果大王能明了自己内心的欲望，

孟子

就能知道人民的欲望，采取措施满足人民的这些欲望，这样做的结果也是实行王道。这就是“推己及人”。

孟子既将孔子思想由个人修养扩展到政事上，也深化了内心修养的理论。孟子说：“能够在修养内心上下功夫的人，就能知道他的本性。能够知道本性的人，就能够明白天道了。”在这个基础上，孟子就有了一定的神秘主义的主张。比如孟子说“我善养吾浩然之气”，但这个“浩然之气”具体是什么，怎么养，孟子自己也说不清楚。所以，孟子重视反求诸己，认为“行有不得者皆反求诸己，其身正而天下归之”。

“反求诸己”，出自《孟子·公孙丑上》：“仁者如射。射者正己而后发，发而不中，不怨胜己者，反求诸己而已矣。”

五、移风易俗

荀子是战国时期赵国人。他五十岁的时候才到齐国游说讲学，是当时最年长、资历非常深的宗师。他曾先后三次以宗师的身份担任稷下学士的祭酒，即稷下学宫的主管。后来，齐国有人诽谤他，他就到了楚国，被春申君任命为兰陵令。春申君死后，荀子被罢官，他便在兰陵安了家。李斯曾是他的学生，后来在秦朝任丞相。荀子憎恶乱世的黑暗政治，认为亡国昏乱的君主接连不断地出现，他们不通晓常理正道却被装神弄鬼的巫祝所迷惑，信奉求神赐福消灾，而庸俗鄙陋的儒生拘泥于琐碎礼节，道家庄周等人又狡猾多辩，败坏风俗。于是，他便潜心推究儒家、墨家、道家活动的成功经验和失败教训，编次著述了几万字的文章，即《荀子》一书。

孟子认为人性本善，荀子与他恰好相反，认为人性本恶。荀子认为，人们的善都是伪装的。现在这些人的品性，生下来就有非常爱财的，从出生就有很大的坏毛病的，还有一出生就贪图享乐且好色的。如果顺着人之性情来办，天下必定大乱。因此，他非常强调礼制，要用他的礼制来重新定义社会秩序。他要求打破世袭的贵族体制，而以人的才智划分社会等级。他希望出现一个圣王，天下以圣王为师，以他的制度为是非的分界。同时，他希望学术定为一尊。

孟子认为人性是善的，强调“人皆可以为尧舜”；荀子认为人性虽恶，但都有学习的本能，本质还是智慧的，因此经过一定的教导，“涂之人皆可以为禹”。他认为，禹之所以成为禹，是因为他能实行仁义法度。既然这样，仁义法度就具有可以了解、可以做到的性质，而路上的普通人，也都具有可以了解仁义法度的资质，都具有可以做到仁义法度的才具；既然这样，他们可以成为禹也就很明显了。如果认为仁义法度本来就没有可以了解、可以做到的性质，那么，即使是禹也不能了解仁义法度、不能实行仁义法度了。假如路上的人本来就没有可以了解仁义法度的资质，本来就没有可以做到仁义法度的才具，那么，路上的人将内不可能懂得父子之间的礼义，外不可能懂得君臣之间的准则。可是，实际上不是这样。现在路上的人都是内能懂得父子之间的礼义，外能懂得君臣之间的准则，那么，那些可以了解仁义法度的资质、可以做到仁义法度的才具，存在于路上的人身上也就很明显了。现在如果使路上的人用他们可

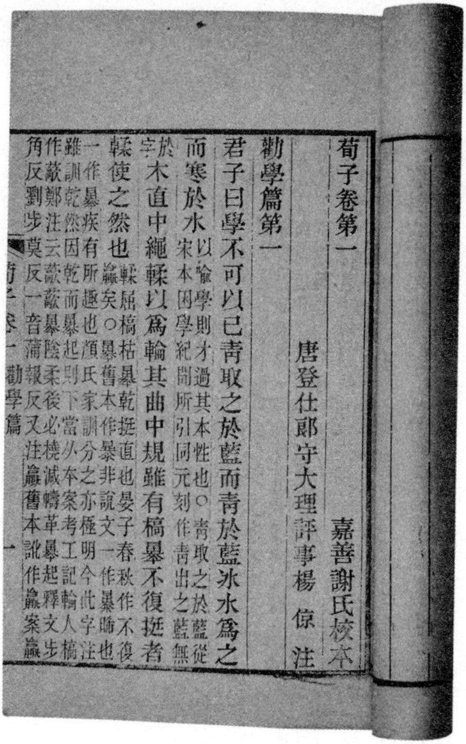
荀子卷第一　嘉善謝氏校本
唐登仕郎守大理評事楊　倞　注
勸學篇第一
君子曰學不可以已青取之於藍而青於藍冰水爲之
而寒於水以喻學則才過其本性也○青取之於藍從宋本困學紀聞所引同元刻作青出之藍無
於字木直中繩輮以爲輪其曲中規雖有槁暴不復挺者
輮使之然也輮屈槁枯暴乾挺直也晏子春秋作不復贏矣○暴舊本作暴非說文一作暴晞也
一作暴疾有所趣也顏氏家訓分之亦極明今此字注
雖訓乾然因乾而暴起則下當从本案考工記輪人槁
作藃鄭注云藃藃暴陰柔後必橈減幬革暴起釋文步
角反劉步莫反一音蒲報反又注贏舊本訛作贏案贏
荀子卷一　勸學篇　一

《荀子》书影

以了解仁义的资质、可以做到仁义的才具，去掌握那具有可以了解、可以做到的性质的仁义，那么，他们可以成为禹也就很明显了。现在如果使路上的人信服道术进行学习，专心致志进行思考探索，日复一日持之以恒，积累善行而永不停息，那就能通于神明，与天地相并列了。所以，圣人是一般的人积累善行可达到的。因此，荀子强调“千里之行，始于足下”。

荀子的思想，在一定程度上反映了他所处的时代。当时天下大乱，人们都希望能尽快结束战乱，天下定于一。荀子有两个著名的学生，发展了他的思想。这两个学生，一个是李斯，一个是韩非。李斯后来做了秦始皇的丞相，与秦始皇一起致力于天下统一。这个统一，既是地域上的，也是思想上的。韩非成为法家的领袖人物，为这次统一提供了理论支持。秦始皇于公元前 221 年统一中国，也推行了部分的文化统一，最重要的是“书同文”。但由于文化统一进程过快，导致多数人民不满，成为了秦朝灭亡的原因之一。后来荀子的“以礼治国”也渐渐被董仲舒从孔子、孟子发展过来的“以德化民”所代替，荀子的学说也就渐渐脱离出学术的主流。

“移风易俗”，出自《荀子·乐论》：“乐者，圣人之所乐也，而可以善民心，其感人深，其移风易俗，故先王导之以礼乐而民和睦。”

知识窗十八

焚书坑儒，是秦始皇公元前213年和公元前212年焚毁书籍、坑杀“犯禁者四百六十余人”的事件。坑杀的儒，并不专指儒生，也有其他的术士。这件事由李斯主导。焚书坑儒，意在维护统一的集权政治，进一步排除不同的政治思想和见解，但实际并未收到预期的效果。

六、墨守成规

继儒家之后兴起的早期学派为墨家。墨家的创始人为墨子，据说他也曾在孔子的门下受教。墨子的身份，有说他是城市里的手工业者，也有说他是周王朝军事专家之后，但不管怎么说，墨家的科学性在先秦诸子中最强，他们保存了以几何学、物理学、光学为突出成就的一整套科学理论。墨家团结的人，基本都处于平民阶层。墨家的组织结构，也颇有类似后来江湖秘密结社的地方。墨子对于当时贵族阶级的一切生活，都抱有彻底的反对态度。墨家提出十项主张：尚贤、尚同、节用、节葬、非乐、非命、尊天、事鬼、兼爱、非攻，这些都记载在《墨子》一书里。他们还要把当时社会上最劳苦的生活，即刑徒役夫的生活作为全人类一律平等的标准。

墨子虽也反对儒家，但他们有共同的精神，都是站在天下人的立场，来批评、反对当时的贵族生活。所不同的是，儒家比较温和，墨家比较激烈。儒家可称之为“良心教”，而墨家可称之为“苦行教”。墨家认为苦行是天的意志，在历史榜样上崇尚大禹，认为大禹治水时形容枯槁、栉风沐雨，是历史上最劳苦的模范人物。良心与苦行，都是中华民族精神的一部分，而且苦行终究还是本于自己的良心，若一味强调外界天志的作用，必定不能长久。但是，培养良心不一定只以苦行为限，所以儒家可以兼收墨家的长处，而墨家却不足以代替儒家。墨学在当时影响很大，与儒家并称“显学”，在当时百家争鸣的社会思潮中，有“非儒即墨”之称。战国以后的学派，在精神上都是儒、墨两家的延续。但也正是墨

墨子

家的激进、苦行、反对兼并战争以及自身学派人员文化水平不高，导致学派后来慢慢消失了。

由于墨家有兼爱非攻的指导思想，所以墨家在当时的社会情况下，经常领导门徒进行实际的以防御为主的军事行动。在《墨子·公输》篇里，记载了这样一个故事：楚国聘请当时著名的机械制造师公输般（有人说就是鲁班）为楚国制造云梯这种攻城器械，造成后，将会用来攻打宋国。墨子听到这个消息后，就出发去楚国，准备对楚王进行劝阻。他首先说服了公输般，然后再面见楚王。但楚王仍想进攻宋国，墨子对楚王说，我能阻止这次进攻。于是，楚王召见公输般，让他与墨子演习进攻和防御的器械及战术。墨子解下衣带，用衣带当作城墙，用木片当作守城器械。公输般多次使用攻城的巧妙战术，墨子多次抵御他。公输般的攻城器械用尽了，墨子的抵御器械还有富余。最后公输般表示认输，却说："我知道用来抵御你的方法，可我不说。"墨子说："我知道你要用来抵御我的方法，我也不说。"楚王便问其中的缘故。墨子说："公输先生的意思，不过是要杀掉我。杀了我，宋国不能守城，就可以攻取了。可是我的学生禽滑厘等三百人，已经拿着我的守城器械，在宋国城上等待楚国入侵了。即使杀了我，也不能杀尽宋国的抵御者啊！”楚王最后说：“好，我不会攻打宋国了。”后来，墨家的守城策略便出了名。由刘德华主演的电影《墨攻》就展现了墨家的守城技巧。

“墨守成规”，由墨家善于防守演变而来，后多指不能与时俱进。

七、一毛不拔

道家最初的实践者，可能是一些隐逸之士。这些人从理论上彻底反对政治事业，也不主张辛苦的劳作生活。他们既不愿推崇礼乐文化，也不愿辛苦劳作，更不想寄身于仕途官禄，大部分时间都在冥想的生活中度过。《论语》记载孔子周游时经常遇到一些隐士，他们嘲笑孔子试图救世的努力都是徒劳，是“知其不可为而为之”。

道家最早的理论代表人物应该是杨朱。这个人没有留下著作，有关他的事迹，散见于《庄子》、《列子》、《孟子》、《吕氏春秋》等先秦著作。他的生存年代也不详，但应该在墨子和孟子之间。因为墨子不曾提到他，但在孟子时期，他已经和墨家有了同等的影响。杨朱的基本观念有两个，即“为我”和“轻物重生”。

杨朱的“为我”，是为了全生避害。他们逃离人世，遁迹山林，心想这样就可以避开人世的险恶。“一毛不拔”说的就是杨朱的故事。在《列子·杨朱》篇中，有这样一个故事。当时有一个叫做禽子的人问杨朱：“拔掉你身体的一根毛发，来救济天下，你愿意吗？”杨朱回答说："当今天下大乱，并非我的一根毛发能救治的。"禽子继续说："如果这件事成立，你愿不愿意做？"杨朱没有回答，心里是不愿意的。禽子离开杨朱后，把这件事情告诉了孟孙阳。孟孙阳说："你没有了解老师的内心，我来解释给你听。如果有人要用刀划你皮肤一下，但愿意给你一万金，这件事情你做不做？"禽子说："我做。"孟孙阳说："那么，如果要断掉你四肢之一，但你可以获得一个国家的统治权，这件事情你做不做？"禽子就不说话了。孟孙阳说："一根毛发的损失，比被割破肌肤要轻；割破肌肤的损失，比损失一肢要轻。但是如果献出了一根毛发，次数多了，就有可能被要求割破肌肤，甚至损失肢体。因此，杨朱不愿意献出毛发。"如果每个人都不愿意损失一根毛发，那么天下之间肯定没有像尧舜这样的圣王；但同时若每个人也不希求从天下间获利，这样也没有桀纣这样的暴君。没有桀纣这样的暴君，就不会有当时的天下大乱；没有尧舜这样的圣君，也不会有将来可能给自身带来的损失，所以这样就能天下大治。"轻物重生"，求的是"无用之用"。

《庄子·人间世》里讲到一棵大树，因为木质不好，不能制作任何东西，因此活得时间很长。快死的时候，它托梦给匠人说："我很久以前就希望我无所可用。快死了我才明白，无用对我来说就是大用。如果我有用，早就被你们砍了，活不了这么久，也长不了这么大。”善于全生的人，既不作恶，也没有扬善。

杨朱的理论，在历史人物里可以与之对应的是许由。许由是帝尧时期的隐士。尧帝听说他很有道德修养，希望把帝位禅让给他。但许由听了之后，赶紧跑到河边洗耳朵，好像听到了多么污秽不堪的言论。许由对尧说：“你治理天下，已经治理得不错了。让我代替你，我为名声吗？再说，名声不过是实利的附属。我会为这种附属放弃我现在的生活吗？鸟雀在森林中筑巢，所用的不过是大树的一枝；小老鼠在河边饮水，不过填满自己的肚子罢了。你回去吧！我对天下没什么用。”把天下白白给许由，许由都不要，当然，他也不会为天下做出什么。这就是杨朱思想的例证。

杨朱这一类的隐士，其实并不是对社会没有感情，而是觉得社会实在无药可救。《荀子·王霸》篇里记载了一个杨朱泣歧的故事，说杨朱站在十字路口嚎啕大哭：“在这儿错走半步，到觉悟后就已经差之千里了！”这与“一毛不拔”的思想也是一致的。

“一毛不拔”，出自《孟子·尽心上》：“杨子取为我，拔一毛而利天下，不为也。”

八、大智若愚

道家思想的另一代表人物是老子。其实，老子本人与传世的《老子》——即《道德经》，没有必然联系。据《史记》记载，老子是楚国苦县厉乡曲仁里人，姓李，名耳，字聃，做过周朝掌管藏书室的史官。孔子前往周都，想向老子请教礼的学问。老子说："你所说的礼，倡导它的人和骨头都已经腐烂了，只有他的言论还在。况且君子时运来了就驾着车出去做官，生不逢时，就像蓬草一样随风飘转。我听说，善于经商的人把货物隐藏起来，好像什么东西也没有；君子具有高尚的品德，他的容貌谦虚得像愚钝的人。抛弃您的骄傲和过多的欲望，抛弃您做作的情态神色和过大的志向，这些对于您自身都是没有好处的。我能告诉您的，就这些罢了。"孔子对弟子们说："鸟，我知道它能飞；鱼，我知道它能游；兽，我知道它能跑。会跑的可以织网捕获它，会游的可制成丝线去钓它，会飞的可以用箭去射它。至于龙，我就不知道该怎么办了，它是驾着风而飞腾升天的。我今天见到的老子，大概就是龙吧！"

明代文征明所绘老子像

老子研究道德学问，他的学说以隐匿声迹、不求闻达为宗旨。他在周都住了很久，见周朝衰微了，于是就离开周都。到了函谷关，关令尹喜对他说：“您就要隐居了，勉力为我们写一本书吧。”于是，老子就撰写了本书，分上、下两篇，阐述道德的本意，共五千多字。然后离去，从此便没有人知道他的下落。也有人说，老子是楚国人，著书十五篇，阐述的是道家的思想，和孔子是同一时代的人。但孔子死后一百二十九年，史书记载周太史儋会见秦献公时，曾预言说：“当初秦国与周朝合在一起，合了五百年而又分开了，分开七十年之后，就会有称霸称王的人出现。”有的人说太史儋就是老子，也有人说不是，世上没有人知道哪种说法正确。总之，老子是一位著名的隐士。

现在看来，在孔子的时代，可能确实有一个名为老子的著名学者。但《道德经》一书，实际成书年代非常晚，里面虽然有一些老子的原话，但整部书的思想体系是战国时期的产物。《老子》一书，反对智慧，提倡绝圣弃智；反对人口流动，提倡小国寡民；反对游士食客，提倡自力更生。《老子》认为，在上位者应该无为而治，在下位者应该归乡耕田。老子提倡的为人处世方法，也与杨朱不同，他认为最善的德行应该像水一样。水对万物有利，但不争地位，在众人嫌恶的地方发挥作用，这是谦虚卑下的德行。所以江海能容纳百川，因为它善于处在下位。天下最柔弱的看上去也是水，但水滴石穿，抽刀却无法断水，这就是柔胜于刚，弱胜于强。

道家和儒家，都承认应该由理想的圣人来做国家的元首。但是，两家的分歧在于，儒家认为圣人一旦为王，要为人民做许多事，要富之，教之。而道家则认为圣人一旦为王，要实行愚民政策。“愚”的意思是淳朴和天真，即像小孩子一样。圣人不仅要愚民，也要愚己。但是圣人的愚，是一种大愚，是自觉修养的过程，其实这也是一种大智。

《老子》对万物发生与发展作了哲学的解释，提出了“太一”、“有”、“无”、“常”等哲学概念。这些概念被后来的道教所引用吸收，并把老子神化为“太上老君”。但一定要分辨清楚，道家与道教，其间虽然有一定的联系，其实是并不相同的两种思想体系。

“大智若愚”，出自宋苏轼《贺欧阳少帅致仕启》：“大勇若怯，大智若愚。”

九、鹏程万里

道家的集大成者是庄子。庄子是蒙地人，叫周。他曾经担任过蒙地漆园的小吏，和梁惠王、齐宣王是同一时代的人。他学识渊博，涉猎、研究的范围无所不包。他撰写了十余万字的著作，大多是寓言。庄子善于行文措辞，描摹事物的情状，用来攻击和驳斥儒家和墨家。即使是当世博学之士，也难免受到他的攻击。他的语言汪洋恣肆，以适应自己放任的性情，所以从王公大人至诸侯君王，都无法利用他。

庄子对于道家思想的最大贡献，就是建立了一个更高层次的"道"的世界。在《庄子·逍遥游》篇中，他讲了这样一个故事。他说北海有一条鱼，它的名字叫鲲。鲲非常巨大，不知道它有几千里长。鲲化身变成鸟，它的名字叫鹏。鹏的背，不知道有几千里宽。鹏鼓翅奋飞，它的翅膀就像天边的云。鹏鸟在大海翻腾的时候就飞往南海。南海，就是天池。《齐谐》是记载怪异事物的古书，书上说："当鹏飞往南海时，水浪击起达三千里，借着旋风盘旋直上九万里，离开北海六个月后，才到达南海休息。”野马般奔腾的雾气、飞扬的灰尘以及各种生物都是被风所吹而飘动的。天色深蓝，难道是它真正的颜色吗？还是因为太远太高，看不到它的边际呢？鹏往下看，也是这样罢了。再说，水蓄积得不深厚，它就没有力量负载起大船。把一杯水倒在堂上的低洼之处，一根小草就可以成为船。如果把一个杯子放上去，就会被粘住，这是因为水浅而船大了。风力积蓄得不大，就没有力量承载巨大的翅膀。所以鹏高飞九万里，风就在它的下面，然后它才可以乘风而行。鹏背负着青天而无所拦阻，然后才开始向南飞行。蝉和小斑鸠讥笑鹏说："我们奋力而飞，碰到榆树和檀树就停止，有时飞不上去，落在地上就是了。何必要飞九万里到南海去呢？"到近郊去的人，只带当天吃的三餐粮食就可当天回来，肚子还是饱饱的。到百里外的人，就要准备一宿的粮食。到千里外的人，就要聚积三个月的粮食。蝉和小斑鸠这两只小虫又知道什么呢？小智比不上大智，短命比不上长寿。怎么知道是这样的呢？朝生暮死的小虫不知道黑夜与黎明。春生夏死、夏生秋死的寒蝉，不知道一年的时光，这就是短命。楚国的南方有一种灵龟，它把五百年当作一个春季，五百年当作一个秋季。上古时代有一种树叫大椿，它把八千年当作一个春季，八千年当作一个秋季，

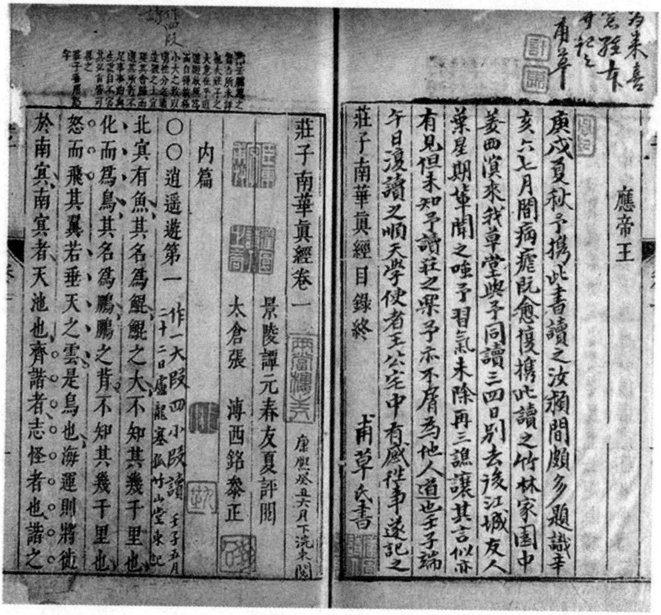

應帝王

庚戌夏秋予携此書讀之汝穎間頗多題識辛亥六七月間病瘧既愈復携此讀之竹林家園中姜西溟來我草堂與予同讀三四日別去後江城友人葉星期輩聞之嗤予習氣未除再三諷讓其言似亦有見但未知予讀莊之果予亦不屑為他人道也壬子端午日復讀之順天學使者王公宅中有感往事遂記之

甫草氏書

莊子南華眞經目錄終

莊子南華眞經卷一

景陵譚元春友夏評閱

太倉張溥西銘參正

內篇

○○逍遥遊第一 作一大段四小段讀

北冥有魚其名爲鯤鯤之大不知其幾千里也化而爲鳥其名爲鵬鵬之背不知其幾千里也怒而飛其翼若垂天之雲是鳥也海運則將徙於南冥南冥者天池也齊諧者志怪者也諧之

明朝崇祯年间刻本《庄子》

这就是长寿。活了七百来岁的彭祖如今还因长寿而特别闻名，众人都与他相比，岂不可悲！

在庄子的眼中，鹏鸟、灵龟和大椿的世界就是超越现实世界的境界。要达到这种境界，就必须要和宇宙同一，只有同一所得到的幸福才是真正的幸福。获得这种幸福的方法，就是突破“我”与“非我”的界限，突破“生”与“死”、“是”与“非”的界限。一旦这些区别都被忘记了，就只剩下一个混沌的整体，也就达到了与自然相同的淳朴原始的状态。

《庄子·山木》篇还记载了这样一个故事。庄子行走于山中，看见一棵大树枝叶十分茂盛，伐木的人停留在树旁却不去动手砍伐。庄子问他们是什么原因，匠人说：“这棵树没有什么用处。”庄子说：“这棵树就是因为不成材而能够终享天年啊！”庄子走出山来，留宿在朋友家中。朋友高兴，叫童仆杀鹅款待他。童仆问主人：“一只能叫，一只不能叫，请问杀哪一只呢？”主人说：“杀那只不能叫的。”第二天，弟子问庄子：“昨日遇见山中的大树，却因为不成材而能终享天年，如今主人的鹅，因为不成材而被杀掉。先生您怎么看待这件事？”庄子笑道：“我将处于成材与不成材之间。处于成材与不成材之间，好像合于大道却并非真正与大

元代刘贯道所绘《梦蝶图》

道相合，所以这样不能免于拘束与劳累。假如能顺应自然而自由自在地游乐，也就能顺应自己的心性而无所拘束劳累。没有赞誉，没有诋毁，时而像龙一样腾飞，时而像蛇一样蛰伏，跟随时间的推移而变化，不偏滞于某一方面；时而进取，时而退缩，一切以顺和作为度量，优游自得地生活在万物的初始状态，役使外物，却不被外物所役使。那么，怎么会受到外物的拘束和劳累呢？”

这里可以看出，山中大树的故事说的就是杨朱“无用之用”的“为我”理论，“材与不材之间”似乎与老子的理论相近，而“乘道德而浮游”，顺应自然自由自在，就是庄子的“无我”理论了。他已经从一个更高的观点看事物了。从“为我”到“无我”，先秦道家经历了一个自我升华的过程。

“鹏程万里”，出自《庄子·逍遥游》：“鹏之徙于南冥也，水击三千里，抟扶摇而上者九万里，去以六月息者也。”

知识窗十九

列子，名御寇，战国时期郑国人，也是道家学派著名的代表人物，著有《列子》。列子潜心著述二十篇，约十万多字。其作品在汉代以后已有所散佚，现存八篇：《天瑞》、《黄帝》、《周穆王》、《仲尼》、《汤问》、《力命》、《杨朱》、《说符》。其书中所记载的“愚公移山”、“杞人忧天”等脍炙人口的寓言故事，家喻户晓，广为流传。

十、法不阿贵

西周的封建社会，依靠礼和刑两条原则来维持统治。因为天子、诸侯和大夫都是血亲或姻亲，因此最初主要靠宗族内的礼来规范社会和外交。但之后过了几百年，宗法观念逐渐淡漠，贵族和平民的关系也并非可以截然分清的了。春秋以前的宗法封建制度，逐渐转移到战国时代的新军国体制。这个时期，郡县制逐次推行，政府直辖的郡县，代替了贵族世袭的领地。军民逐渐分别治理，之前贵族领袖就是军事长官，现在出现了新的军功阶层，农民军队也随之兴起。三家分晋与田氏代齐，说明了旧贵族逐渐失去地位，各国政治、社会各方面都发生了剧烈的变动。孔子等诸子百家所面临的就是这种情况，他们试图提出解决方案，但这些诸侯并不需要对百姓施行仁政的理想纲领，而是需要解决新情况下现实问题的实际对策。有一些人，对现实的政治有深刻的见解，政策行之有效，能迅速使得国家强盛，这些人就是所谓的“法术之士”，是法家的雏形。法家的用意，也是想重建贵族阶级的上下秩序。当时的诸侯招聘这些人才，纷纷变法。最有名的是秦国的商鞅变法。

商鞅，姓公孙，卫国人，是卫国的没落贵族，因此也叫做卫鞅。后来秦孝公把商作为他的封地，才被人叫做商鞅。秦孝公即位后不久，感到秦国外有强邻欺压，内有贵族专横，秦国处境很不利。因此在天下范围内下了招贤令。卫鞅就在此时来到秦国。秦孝公很信服卫鞅的理论，任用卫鞅后不久，就打算变更法度，又恐怕天下人议论自己。卫鞅说："行动犹豫不决，就不会搞出名堂，办事犹豫不决，就不会成功。况且超出常人的行为，本来就常被世俗非议；有独到见解的人，一定会被一般人嘲笑。愚蠢的人事成之后都弄不明白，聪明的人事先就能预见将要发生的事情。不能和百姓谋划新事物的创始而可以和他们共享成功的欢乐。探讨最高道德的人不与世俗合流，成就大业的人不与一般人共谋。因此，圣人只要能够使国家强盛，就不必沿用旧的成法；只要能够利于百姓，就不必遵循旧的礼制。"孝公听从了他的建议，但遭到秦国以甘龙和杜挚为首的旧贵族的反对。他们说："没有百倍的利益，就不能改变成法；没有十倍的功效，就不能更换旧器。仿效成法没有过失，遵循旧礼不会出偏差。"卫鞅说："治理国家没有一成不变的办法，只要有利于国家就不必仿效旧法度。所以汤武不沿袭旧法度而能王天下，夏殷不更换旧礼制而灭亡。反对旧法的人不能非难，而沿袭旧礼的人不值得赞扬。”孝公说：“讲得好。”于是任命卫鞅为左庶长，终于下达了变更成法的命令。

卫鞅的新法，符合新军国的利益。他下令把十家编成一什，五家编成一伍，互相监视检举，一家犯法，十家连带治罪。不告发奸恶的处以拦腰斩断的刑罚，告发奸恶的与斩敌首级的同样受赏，隐藏奸恶的人与投降敌人同样受罚。一家有两个以上的壮丁不分居的，赋税加倍。有军功的人，各按标准升爵受赏；为私事斗殴的，按情节轻重分别处以大小不同的刑罚。致力于农业生产，让粮食丰收、布帛增产的免除自身的劳役或赋税。因从事工商业及懒惰而贫穷的，把他们的妻子全都没收为官奴。王族里没有军功的，不能列入家族的名册。明确尊卑爵位等级，各按等级差别占有土地、房产。家臣奴婢的衣裳、服饰，按各家爵位等级确定。有军功的显赫荣耀，没有军功的即使很富有也不能显荣。

新法在民间施行了整一年，秦国老百姓到国都说新法不方便的人数以千计。正当这时，太子触犯了新法。卫鞅说：“新法不能顺利推行，是因为上层人触犯它而不加处罚。”于是，将依新法处罚太子。太子，是国君的继承人，又不能施以刑罚，于是就处罚了监督他行为的老师公子虔，以墨刑处罚了给他传授知识的老师公孙贾。第二天，秦国人就都遵照新法执行了。新法推行了十年，秦国百姓都非常高兴，路上没有人拾别人丢的东西为己有，山林里也没了盗贼，家家富裕充足，人民勇于为国家打仗，不敢为私利争斗，乡村、城镇社会秩序安定。

后来，卫鞅率领着军队围攻魏国安邑，使他们屈服投降。过了三年，秦国在咸阳建筑宫殿城阙，把国都从雍地迁到咸阳。卫鞅又下令禁止百姓父子兄弟同居一室；把零星的乡镇村庄合并成县，设置了县令、县丞，总共合并划分为三十一个县；废除井田，重新划分田塍的界线，鼓励开垦荒地；为使赋税平衡，统一全国的度量衡制度。新法又施行了四年后，公子虔又犯了新法，被判处劓刑。过了五年，秦国富强，周天子把祭肉赐给秦孝公，各国诸侯都来祝贺。

又过了两年，卫鞅率领军队再次大败魏国，魏王就派使者割让河西地区奉献给秦国作为媾和的条件。秦孝公很高兴，把於、商十五个邑封给了卫鞅，封号叫做商君。商君出任秦相十年，很多皇亲国戚都怨恨他。有个叫赵良的人对他说："您得以见秦王，靠的是秦王宠臣

陕西省商洛市的商鞅雕像

景监推荐介绍，这就算不上什么好名声了。身为秦国国相，不为百姓谋福而大规模地营建宫阙，这就说不上为国家建立功业了。惩治太子的师傅，用严刑酷法残害百姓，这是积累怨恨、聚积祸患啊。教化百姓比命令百姓更深入人心，百姓模仿上边的行为比命令百姓更为迅速。如今您却违背常理地建立权威变更法度，这不是对百姓施行教化啊。您又在商、於封地南面称君，天天用新法来逼迫秦国的贵族子弟。您一出门，后边就跟着数以十计的车辆，车上都是顶盔贯甲的卫士，身强力壮的人做贴身警卫，持矛操戟的人紧靠您的车子奔随。这些防卫缺少一样，您必定不敢出门。您的处境就好像早晨的露水很快就会消亡一样危险，您还打算要延年益寿吗？您还要贪图商、於的富有，以独揽秦国的政权为荣宠，聚集百姓的怨恨吗？秦王一旦舍弃宾客而不能当朝，秦国所要拘捕您的人难道能少吗？您丧命的日子会像抬起足来那样迅速到来。”但商君没有听从赵良的劝告。

五个月之后，秦孝公去世，太子即位。公子虔一班人告发商君要造反，派人去逮捕商君。商君逃跑到边境关口，想住旅店。旅店的主人不知道他就是商君，说：“商君有令，住店的人没有证件，店主要连带判罪。”商君长长地叹息说：“哎呀！我自己制定的新法的危害竟然到了这样的地步！”商君离开秦国潜逃到魏。魏国人怨恨他打败魏军，拒绝收留他。商君打算到别的国家。魏国人说：“商君，是秦国的逃犯，秦国强大，逃犯跑到魏国来，不送还，不行。”于是把商君送回秦国。商君再回到秦国后，就潜逃到他的封地商邑，但最终仍被秦王逮捕，用五马分尸的极刑处死了他。

商鞅死后，因为法令适合当时的社会，因此被保留了下来。他的变法为后来秦国统一打下了基础。但他单纯依据法度作为规范行为的绳墨，决断事情，明辨是非，用法严酷苛刻，绝少施恩，也注定了他自身的悲剧结局。

法家理论集大成者，是战国后期的韩非子。他明确提出“法不阿贵”的思想，说：“法律即使是对高贵的人、有权势的人也不徇情。法律的施行，智者不能狡辩，勇者不敢争论，刑罚不避大臣，赏善不遗匹夫。”在儒家看来，治理国家最好的办法就是德治，他们希望用治理贵族的礼来治理平民，因此他们往往认为法家卑鄙野蛮；而法家则将礼抛弃，用对付平民的刑来对付贵族，认为儒家过于迂腐空谈。

“法不阿贵”，出自《韩非子·有度》：“法不阿贵，绳不挠曲。法之所加，智者弗能辞，勇者弗敢争，刑过不避大臣，赏善不遗匹夫。”

十一、白马非马

名家主要以对“实”与“名”的诠释来阐述观点。他们最初的起源，可能是分析法律条文的讼师和辩者。他们强调端正名实，也希望在此基础上天下得治。但他们过于注重咬文嚼字，甚至经常把语言与事实分离开来，因此并不是很受当权者的重视。他们的哲学观念又与中国主流的实用哲学不同，自己学派的学术又非常艰深，所以后来就渐渐消亡了。

名家的代表人物有惠施和公孙龙。惠施的著作没有保存下来，但他与庄子的关系非常好，因此有很多事迹和思想记载在《庄子》之中。《荀子》、《韩非子》和《吕氏春秋》等书也保存了惠施的一些著作片段和事迹。从一些日常对话中，也可以看出惠施好辩的特点，最著名的就是惠施和庄子观鱼的典故。庄子和惠施一起在濠水的桥上游玩。庄子说：“鯈鱼在河水中游得多么悠闲自得，多么快乐啊！”惠施说：“你又不是鱼，哪里知道鱼是快乐的呢？”庄子说：“你又不是我，怎么知道我不知道鱼儿是快乐的呢？”惠子说：“我不是你，当然

宋李唐《濠梁秋水图》局部

就不知道你的想法；你本来就不是鱼，你不知道鱼的快乐，这是可以完全确定的。”庄子说：“让我们回到最初的话题，你开始问我‘你哪里知道鱼儿的快乐’等等，就说明你很清楚我知道，所以才来问我是从哪里知道的。现在我告诉你，我是在濠水的桥上知道的。”观鱼这种愉快的事，也因二人的对话上升到哲学层面了。

名家的另一个代表人物是公孙龙，以诡辩著称，他有《公孙龙子》一书传世。他留下的最著名的典故是“白马非马”。有人问公孙龙：“让白马不是马，可以做到吗？”公孙龙说：“可以的。”那人问：“怎么做到呢？”公孙龙说：“马这个词，是形体的名词。白色，是色彩的名词。白马这是强调色彩的，不是强调形体的，所以白马不是马。”那人又说：“既然是白马，不能说这个词里没有马。有马的话，白马就是马呀。”公孙龙说：“如果要求得到‘马’，那么黄马、黑马都能得到。要求得到‘白马’，黄马、黑马就不行了。如果白马是马，那么要求得到马与要求得到白马便完全一样了，如果所要求得到的是一样的话，那么白马与马自然就没有区别。但是，黄马、黑马可以是马，但绝不可以是白马。这就明显地说明要求得到‘马’与要求得到‘白马’是完全不同的。所以，白马不是马。”那人继续追问：“这么说，有颜色的马就不是马了。可是世界上没有不具备颜色的马，那么能说世界上有颜色的马都不是马吗？”公孙龙回答说：“马本来就有颜色，所以才会有白马。但是，规定马是白色的马就与‘马’本身有区别了。所谓白马，是马限定于白色的，限定于白色的马自然与马是有区别的，所以说白马不是马。马，是不受‘白’限定的形容形体的名词；白，是不受‘马’限定的形容颜色的名词。把‘白’与‘马’两个名词结合起来，就变成一个新的名词。这个新名词，不同于前两个名词。认为有‘白马’，并不是说没有‘马’，‘马’是不去考虑‘白’而专门针对马的形体来说的。但是，‘白马’却是‘白’与‘马’相结合不能分开的名词，因此，作为“白马”的名词是不能与作为“马”的名词相同的。”

名家试图探讨名物的共相与特殊性，他们也创造了一个离于现实世界之外的语言的世界。

“白马非马”，出自《公孙龙子·白马论》：“‘白马非马，可乎？’曰：‘可。’”

知识窗二十

《庄子·天下》记载了惠施提出的“历物十事”，但是没有论证。这也是名家的代表论题，现罗列如下：“至大无外，谓之大一；至小无内，谓之小一。”“无厚不可积也，其大千里。”“天与地卑，山与泽平。”“日方中方睨，物方生方死。”“大同而与小同异，此之谓小同异；万物毕同毕异，此之谓大同异。”“南方无穷而有穷。”“今日适越而昔来。”“连环可解也。”“我知天下之中央，燕之北，越之南也。”“泛爱万物，天地一体也。”

十二、燮理阴阳

阴阳术数起源于古代人民对自然的理解，后来逐渐发展成六种：天文、历谱、五行、蓍龟、杂占和形法。不过，这六种现在几乎都失传了。阴阳家，最初就是古代的术士，他们希望用自然力对自然事物和人文社会作出合理的解释。他们认为，人应该顺应自然，按照自然的要求行事，因此也有很多禁忌。

"阴阳"，是中国古代哲学最有代表性的概念。阳本来指日光，阴指没有日光。后来，阴阳逐渐发展成形成宇宙的两种根本原理，阴阳二道互动，产生一切宇宙中的现象。阴阳平衡，是最好的境界。阳代表阳性、主动的事物，阴代表阴性、被动的事物。体现阴阳观念最早的书籍就是《易》，《易》里的六十四卦就是阳爻和阴爻的不同组合。在阴阳之后或同时，解释天地的另一种观念也随之出现，就是"五行"。五行观念，按照文献记载，出自禹的时代，起初是指金、木、水、火、土五种物质，后来也被抽象为形成世界的五种元素。它们也互相作用，对世界有影响。同时，具备五行说的人还认为，天人之间是有感应的，君主的不当行为，会使得天象出现异常。比如君主端正自己的作风，就会有及时的雨；君主做事条理分明，就会有及时的阳光；君主有智慧，就会有及时的热量；君主有谋略，就会有及时的凉爽。总之就是，如果君主做得得当，气候就风调雨顺，反之就灾年不断。

这两种观念通过数字被阴阳家联系起来。阴阳家认为数字分为天数和地数，一三五七九为天数，也即是阳数；二四六八十为地数，是阴数。与“五行”观念相联系后，他们又制造了生成数系统。他们说：“天之数，一，生水；地之数，六，成之。地之数，二，生火；天之数，七，成之。天之数，三，生木；地之数，八，成之。地之数，四，生金；天之数，九，成之。天之数，五，生土；地之数，十，成之。”这样，一二三四五是生五行之数，六七八九十是成五行之数，也有阴阳相辅相成的意思。

春秋战国时期，阴阳家的代表人物是邹衍。他提出了“大九州”和“五德终始说”。邹衍看到当时诸侯们越来越荒淫奢侈，不能崇尚德政，不能按之前礼制所要求的那样先整饬自己，再推及到百姓。于是，他就深入观察万物的阴阳消长，记述怪异玄虚的变化，言论“闳

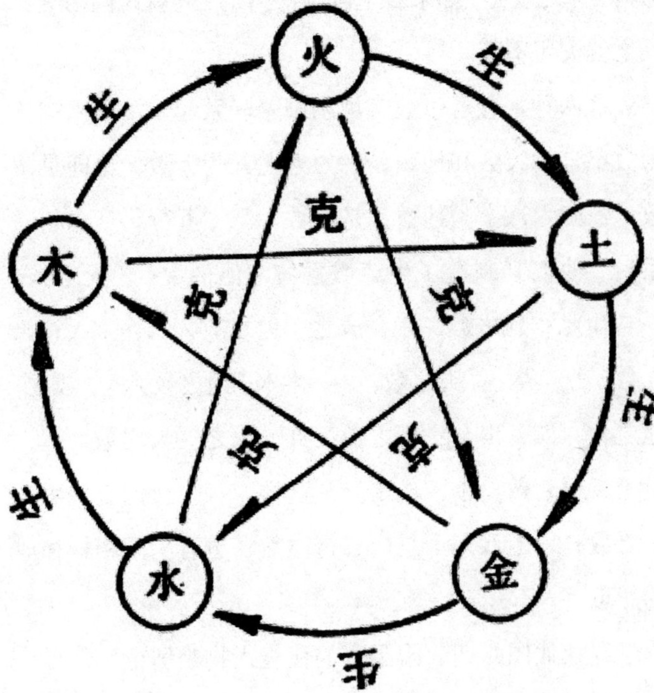

五行关系图

大不经”。他先从细小的事物开始验证，然后推广到大的事物，以至达到无边无际。比如，他先从当今说起，再往前推至学者们所共同谈论的黄帝时代，然后再大体上依着世代的盛衰变化，记载不同时代的凶吉制度，再从黄帝时代往前推到很远很远，推广到天地还没出现的时候。他又列出中国的名山大川、五谷、禽兽，并由此推广开去，直到人们根本看不到的海外。

邹衍认为，开天辟地以来，金、木、水、火、土的五种德性相生相克，而历代帝王的更替都正好与它们相配合。又认为儒家所说的中国，只不过是天下的八十一分之一罢了。中国称为“赤县神州”。赤县神州之内又有九州，就是夏禹按次序排列的九个州，但不能算是州的全部数目。在中国之外，像赤县神州的地方还有九个，这才是所谓的九州。九州各州都有小海环绕着，人和禽兽不能与其他州相通，像是一个独立的区域。而九州之外，更有大海环在它的外面，那就到了天地的边际了。邹衍的学说都是这一类述说。然而，邹衍的主旨却都会归结到仁义节俭，并希望在君臣上下和亲族之间施行，只不过开始的述说的确泛滥无节。王公大人初闻他的学说，会感到惊异而引起思考，受到感化，到后来却又不能实行。

按照阴阳家的观点，一切事物都可以放入五行学说中，现举大略如下：

五行	木	火	土	金	水
五音	角	徵	宫	商	羽
时间	平旦	日中	日西	日入	夜半
五味	酸	苦	甘	辛	咸
五色	青	赤	黄	白	黑
五化	生	长	化	收	藏
五气	风	暑	湿	燥	寒
五方	东	南	中	西	北
五季	春	夏	长夏	秋	冬
五脏	肝	心	脾	肺	肾
六腑	胆	小肠	胃	大肠	膀胱
五官	目	舌	口	鼻	耳
形体	筋	脉	肉	皮毛	骨
情志	怒	喜	思	悲	恐
五声	呼	笑	歌	哭	呻
变动	握	忧	哕	咳	栗

所谓“燮理阴阳”，就是平衡之道，是治理国家的最高原则。

“燮理阴阳”，出自《尚书·周官》：“立太师、太傅、太保，兹惟三公，论道经邦，燮理阴阳。”

图书在版编目（CIP）数据

中国秀．成语·典故／宋启航，赵锋著．—太原：山西教育出版社，2015．8（2022．6 重印）

（中国秀系列／金萍主编）

ISBN 978-7-5440-7493-3

Ⅰ．①中… Ⅱ．①宋… ②赵… Ⅲ．①丛书—中国—现代②汉语—成语—典故 Ⅳ．①Z121．7②H136．3

中国版本图书馆 CIP 数据核字（2015）第 286780 号

成语·典故

宋启航 赵 锋 著

出 版 人 雷俊林

策 划 人 孙 铁

责任编辑 任小明

特约编辑 靳金龙

装帧设计 小海馬·书装

出版发行 山西出版传媒集团·山西教育出版社

（太原市水西门街馒头巷 7 号 邮编 030002）

印 装 北京一鑫印务有限责任公司

开 本 787×960 1/32

印 张 9．25

字 数 140 千字

版 次 2015 年 8 月第 1 版 2022 年 6 月第 2 次印刷

书 号 ISBN 978-7-5440-7493-3

定 价 45．00 元

如发现印装质量问题，影响阅读，请与印刷厂联系调换。电话：010-61424266